移動中でもMP3で聞ける！

実用 タイ語単語集

ศัพท์ภาษาไทยน่ารู้และจำเป็น

音声ダウンロード付

TLS TLS出版社　　　藤崎 ポンパン 著

音声データの使い方

● 単語の音声を収録した MP3 データをダウンロード

本書掲載の単語の音声を収録した MP3 データをインターネット上のウェブサービスからダウンロードすることができます。また、ダウンロードができない方には MP3 データを格納した CD-ROM を有料でお送りいたします。ダウンロードの詳しい手順や CD-ROM のご注文方法は本書巻末の袋とじをご覧下さい。

MP3 データは「パソコン」「スマートフォン」「携帯音楽プレイヤー」など、対応ソフトウェアがインストールされている機器で再生し聴くことができます。

● MP3 データのファイル名

MP3 データのファイル名規則は、ページの順番を数字 2 桁で表しています。名前順でファイルソートを行うとページの順番で並ぶようになっています。

■本書 16 ページ MP3 01 の場合

〈ファイル名〉 〈収録内容〉

WTH_01.mp3 01…ページ順番「あいさつ」

● 使い方

Step 1 パソコンに MP3 データをダウンロードする

パソコンにダウンロードした MP3 データを対応ソフトウェアで再生します。

Step 2 MP3 対応の電子機器やスマートフォン等にデータを移動する

携帯用音楽プレーヤーやスマートフォン等の対応機器のストレージに MP3 データをコピーして再生できます。

※データのコピー・取込方法は、お使いの機器の操作説明書等でご確認下さい。

Step 3 音楽 CD（CD-DA 方式）を作成する

CD ラジカセ・コンポ、カーステレオ等、MP3 再生に対応していない一般的な CD プレイヤーで再生したい場合は、CD-DA 方式で CD-R ディスクに焼いてください。

※ CD-DA 方式、CD-R ディスクへの焼き方に関する詳細はご自身でお調べ下さい。

■音声データご使用上の注意■
本書の音声データを著作権法で認められている権利者の許諾を得ずに、(1) 営利目的で使用すること、(2) 個人的な範囲を超える使用目的で複製すること、(3) ネットワーク等を通じて音源データを送信できる状態にすることを禁じます。音声データは使用者の責任において使用するものとし、使用結果について発生した直接的、間接的損害について、権利者はいかなる責任も負わないものとします。

2

はじめに

年間１００万人以上の日本人が訪れる「タイ」の魅力とは何でしょう？いや、そんなことを語るのは無粋ですよね。気候･雰囲気･食べ物･寺院……それらが一体となって日本人を、時には厳しく、そして優しく迎え入れてくれます。そんなタイを、タイ人をもっと知りたいと思った時、一番大切なのは「タイ語」ではないでしょうか。

全くタイ語が出来ない状態でタイに住み始め、学校にも通っていないのに、もちろんタイ文字の勉強もせずに２年も経つとペラペラになっている、そんな日本人を僕は数多く知っています。その人たちに上達のコツを聞いてみると全員が「覚えた単語の数」と言うのです。もちろん発音や文法も重要かつ必要なのですが、やはり単語力（語彙力）に勝るものはないと私は思うのです。

タイ語に限らず外国語の勉強は地道で長い道のりですが、最後までやり遂げなければ実践できない訳ではありません。今日覚えたらすぐに明日使えます。言いたいことを伝えたい時、鍵になるのはやはり単語力です。語順を忘れても、過去形の作り方を知らなくても、単語さえ知っていれば言いたいことの半分は言えたようなものです。

動詞・形容詞・助動詞・疑問詞を中心に５００単語程度が身に付くと「少しは話せるようになったかな」と実感できるはずです。次からとは言わず、ぜひ本書で頑張って暗記してみて下さい。コミュニケーションを楽しんで下さい。きっとあなただけの特別な「タイ」が見つかると思います。

藤崎 ポンパン

実用タイ語単語集 # Contents

Contents

本書の特長と使い方

●使用頻度の高い約１７００単語を厳選

頻繁に使用される「約１７００単語」を厳選、この１冊で様々な場面で使える単語が覚えることが出来ます。

●移動中でも覚えられる音声データを無料でダウンロード

「日本語」→「タイ語」の繰り返しで各単語の発音を収録しているので、本書を持ち歩かなくても携帯用音楽プレーヤー等で耳からも効率良く覚えることが出来ます。

●タイ文字が読めなくても覚えられる

タイ語の発音をカタカナだけで表記するのは困難ですが、ＴＬＳ独自のローマ字表記が併記してあり、更に特定の末子音には色を付けてあるので、よりリアルな発音を学習することが出来ます。

●関連性のある単語をカテゴリーで分類

本書は「基本単語」「数・時・暦」「からだと心」「乗る」「泊まる」「食べる」「楽しむ」「遊ぶ・癒す」「暮らす」「トラブル」の10カテゴリーに単語が分類されているので、関連性の高い分野毎に覚えることが出来ます。

●行動を意識した順番で単語を掲載

例えば、渡タイする機内で「基本単語」から始め、「空港」→「宿泊先」→「レストラン」→「買い物」など、実際の行動を意識した順番で掲載しています。

●最新のタイ文化が楽しめる

旅行者の行動と居住者の生活を考慮した単語を多数掲載しているので、最新のタイ文化を楽しめる内容になっています。

●実用的な例文を掲載

ページ内の単語を使った実用性の高い例文を併記しているので、文章からも単語を覚えることが出来ます。

●タイ人が日本語を学べる

各単語には日本語の「タイ文字読み」が併記されています。本書を使ってタイ人が日本人に何かを尋ねたり、一緒に学習することが出来ます。

●知りたい情報満載の付録付き

「国歌」「首都正式名称」「全土地図」「県名」「首都区名」「首都路線図」「駅名」を付録として掲載。その全てにカナ読みとローマ字読みを併記。ミニ知識を超えた日本初のコンテンツです。

タイ語の発音と文法

母音

●タイ語の母音は９種類

タイ語は**母音**と**子音**の組み合わせで音節を作る言語で、母音（日本語の「あいうえお」に相当）は９種類あります。各母音で短く発音する母音を『短母音』、長く発音する母音を『長母音』と分類します。ローマ字表記では、長母音は同じ音を２つ続けて書きます。母音の攻略ポイントは日本語にはない音［ɯ］［ɛ］［ɔ］［ə］の**4個**をマスターすることです。

短母音		長母音		発音のポイント
a	ア	aa	アー	日本語の「ア」と同じ
i	イ	ii	イー	日本語の「イ」より 口を横に広げる
u	ウ	uu	ウー	唇を丸めて突き出しながら 「ウ」を発音
ɯ	ウ	ɯɯ	ウー	「イ」の口で「ウ」を発音
e	エ	ee	エー	「イ」の口で「エ」を発音 （舌先を少し上げる）
ɛ	エ	ɛɛ	エー	「ア」の口で「エ」を発音 （舌先を少し下げる）
o	オ	oo	オー	唇を丸めて突き出しながら 「オ」を発音
ɔ	オ	ɔɔ	オー	「ア」の口で「オ」を発音 （舌は全体に下がる）
ə	ウ	əə	ウー	「エ」の口で「ウ」を発音 「ウ」と「ア」の中間をイメージ

この他に、『複合母音』と『余剰母音』と呼ばれるものがあり、ローマ字表記では異なる母音同士での組み合わせで構成されます。

複合母音				余剰母音	
ia	イア	iia	イーア	am*	アム
ɯa	ウア	ɯɯa	ウーア	ai	アイ
ua	ウア	uua	ウーア	au	アウ

（* -m は末子音。詳細は P.9 をご覧下さい。）

子音

●頭子音

音節の頭に置かれる子音を**「頭子音」**といいます。頭子音には発音するときに息をもらさない『無気音』と、息をもらす『有気音』、鼻にかけるように発声する『有声音』があります。

頭子音							
無気音	k	c	t	p	d	b	
	kɔɔ コー	cɔɔ チョー	tɔɔ トー	pɔɔ ポー	dɔɔ ドー	bɔɔ ボー	
有気音	kh	ch	th	ph	f	s	h
	khɔɔ コー	chɔɔ チョー	thɔɔ トー	phɔɔ ポー	fɔɔ フォー	sɔɔ ソー	hɔɔ ホー
有声音	ŋ	y	n	l	r	w	m
	ŋɔɔ (ン)ゴー	yɔɔ ヨー	nɔɔ ノー	lɔɔ ロー	rɔɔ ロー（巻舌）	wɔɔ ウォー	mɔɔ モー

※子音だけでは発音できないので「ɔɔ」という母音をつけて発音します。

２種類の子音が続くことを『２重子音』といいます。話し言葉では２番目の子音が〔r〕〔l〕の場合、〔r〕〔l〕の**発音を省略**することがあります。

２重子音の例： kr　kl　kw　khr　khl　khw　tr　pr　pl　phr　phl

●末子音

音節の最後に置かれる子音を『末子音』といいます。発音は意外と簡単です。「-s(ス)」や「-l(ウ)」は外来語由来のため例外です。

末子音		発音のポイント
-k	ッ（ク）	舌の奥を喉の入り口につけて息を止める（口は閉じない）
-t	ッ（ト）	舌先を歯茎の裏につけて息を止める（口は閉じない）
-p	ッ（プ）	唇を完全に閉じて息を止める
-ŋ	ン（グ）	舌の奥を喉の入り口につけて「ン」を発音 （鼻から息を抜く、口は閉じない）
-n	ン	舌先を歯茎の裏につけて「ン」を発音（口は閉じない）
-m	ム	唇を完全に閉じて息を止める
-w	ウ／オ	「ウ」と「オ」の中間の音を軽く発音
-y	イ	「イ」を軽く発音

※「k」「t」「p」の末子音は単語では青字、文章では黒字で表記してあります。

声調

●タイ語には５つの声調がある

タイ語の声調は、第１声調から第５声調まで**５つ**あります。声調とは**高低昇降のアクセント**のことをいいます。例えば､タイ語で［maa］マーと発音しても声調によって、全く別の意味の単語になってしまいます。５つの声調を図で表すと以下のようになります。

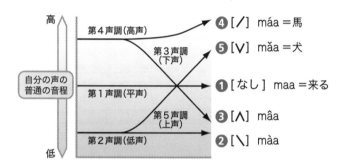

●声調記号と発音の仕方

ローマ字表記では声調を表すのに、母音の上に記号をつけます。長母音の場合は１つ目の母音の上につけます。

① 第１声調（平声）… 自分の声の普通の音程。平らに発音します。

声調記号【なし】

mai（マイ）

顔を真横に動かす

日本語で「銀行＝ginkou」と発音する時のように平らな音で発音します。

② 第２声調（低声）… 第１声調より、低い音程で平らに発音します。

声調記号【＼】

mài（マイ）

顔をまっすぐから下に下げる

日本語で「ごはん＝góhàn」と発音する時の hàn のように低い音程で平らに発音します。

❸ 第3声調（下声）… 高い音程から、下げて発音します。

声調記号
【 ^ 】

mâi
（マイ）

顔を一回上げ下げする

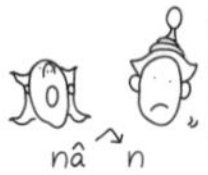

nâ
n

日本語で「なんで～?=nân děe」と発音する時の nân の部分が下声にあたります。

❹ 第4声調（高声）… 高い音程から、少し上がって発音します。

声調記号
【 ／ 】

mái
（マイ）

顔を上げながら上げっぱなしにする

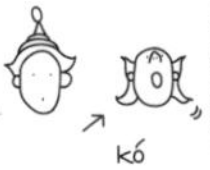

kó

日本語で「来ない=kónài」と発音する時の kó の部分が高声にあたります。

❺ 第5声調（上声）… 第2声調の音程から、尻上がりに発音します。

声調記号
【 ∨ 】

mǎi
（マイ）

顔を下におろしてまた上に戻す

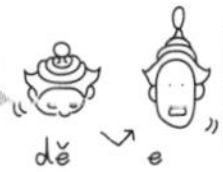

日本語で「なんで～?=nân děe」と発音する時の děe の部分が上声にあたります。

発音まとめ

●ローマ字で正しく発音できる

本書ではローマ字声調表記で発音解説をしていますが、この表記のルールで発音すれば、タイ文字の読み書きが出来ない初心者でもタイ人に通じるはずです。カタカナ読みでは細かいルールが表せません。できるだけローマ字声調表記の発音で練習しましょう。

短母音

■ kruŋ-thêep〔クルン テープ〕

■ 2つの音節からなる「バンコク」という意味の一単語

- 第3声調…長母音の場合は1つ目の子音に声調記号をつける。
- 末子音…発音すると同時に唇をキュッと閉じる。
- 長母音
- 頭子音（有気音）…息をもらしながら発音。
- 末子音…「ン(グ)」の(グ)は実際は発音せず飲み込む感じに。
- 頭子音（2重子音）…話し言葉では[r]の発音を省略することがある。

文の組み立て方

●タイ語の語順は［主語］＋［動詞］＋［目的語］

タイ語の語順は英語とほぼ同じで**主語＋動詞＋目的語**です。
「修飾語」は「被修飾語（修飾される単語）」の後につけます。

■ 私は朝ごはんを家で食べます。

朝ごはん（一つの単語）　修飾　／　場所を表す前置詞

dichán	kin	aahǎan	cháau	thîi	bâan (k) *
ディチャン	キン	アーハーン	チャーオ	ティー	バーン
私（女性）	食べる	食事	朝	～で	家
主語	動詞	目的語		場所（詳細）	

助動詞は動詞の前に置くものと後ろに置くものがあります。（完了を表す助動詞〔lέεw〕のみ文末に置きます。P.15 参照）。「時制」と「場所」は文頭または文末にも置きますが、それぞれニュアンスが少し違います。

■ 今週の土曜日、彼はチェンマイに行きます。

修飾　／　未来を表す助動詞（～する予定）

wansǎu	níi	kháu	cà	pai	chiiaŋmài (k)
ワンサオ	ニー	カオ	チャ	パイ	チーアンマイ
土曜日	この	彼		行く	チェンマイ
時制		主語	動詞		目的語

■ 彼がチェンマイに行くのは、今週の土曜日です。

kháu	cà	pai	chiiaŋmài	wansǎu	níi (k)
カオ	チャ	パイ	チーアンマイ	ワンサオ	ニー
彼		行く	チェンマイ	土曜日	この
主語	動詞		目的語	時制	

チェンマイに行くことを前提に今週の土曜日を強調している。

＊（k）は語尾につける丁寧語です。

話し手が
男性の場合 → クラップ［khráp］
女性の場合 → ①カー［khâ］／②カー［khá］※疑問文＆呼びかける時

過去・現在・未来

●タイ語に動詞の活用はない

タイ語では動詞の活用はありません。**『過去・現在・未来』全て動詞は原形、**助動詞を入れるだけです。助動詞は時制を表す単語が文中にある場合、省略されることがあります。主語も状況によってしばしば省かれます。

■ (すでに) ご飯を食べた。【過去形】⇒ 動詞 (＋目的語) ＋ 〔lɛ́ɛw〕

kin	khâaw	lɛ́ɛw
キン	カーウ	レーウ
食べる	ご飯	～した

「kin khâaw」は「食事する」のカジュアルな言い方。
丁寧語は「thaan khâaw (ターン カーウ)」。

■ (今) ご飯を食べているところだ。
【進行形】⇒ 〔kamlaŋ〕 ＋ 動詞 (＋目的語) ＋ 〔yùu〕

kamlaŋ	kin	khâaw	yùu
カムラン	キン	カーウ	ユー
(省略可能)	食べる	ご飯	(省略可能)

▼ 以下のどのパターンでも OK
① kamlaŋ ＋ 動詞 (＋目的語) ＋ yùu
② kamlaŋ ＋ 動詞 (＋目的語)
③ 動詞 (＋目的語) ＋ yùu

■ (これから) ご飯を食べに行く。【未来形】⇒ 〔cà〕 ＋ 動詞 (＋目的語)

(動詞＋動詞)

cà	pai	kin	khâaw
チャ	パイ	キン	カーウ
	行く	食べる	ご飯

「動詞」が二つ以上ある場合は、
その動作の順番で動詞を並べます。

be動詞

● be 動詞「pen」

「**A** は **B** である」という文章を表す動詞、英語の「be 動詞」に相当するのが「**pen** (ペン)」です。主に人の所属、職業などを表現する時に使います。

■ 私は日本人です。

日本人 (一つの単語)　修飾

phǒm	pen	khon	yîipùn (k)
ポム	ペン	コン	イープン
私 (男性)	～である	人	日本

■ 彼女は学生です。

kháu	pen	nákriian (k)
カオ	ペン	ナックリーアン
彼 / 彼女	～である	学生

否定形

●動詞の前に〔mâi〕を置く

動詞、形容詞、助動詞などの述語部分を否定するには否定したい単語の前に「mâi (マイ)」を置きます。名詞（名詞節）の場合は「mâi chai (マイ チャイ)」を名詞の前に、過去形の否定文の場合、「mâi dâi (マイ ダイ)」を動詞の前に置きます。

■ 彼はチェンマイに行きません。

khǎu mâi pai chiiaŋmài (k)
カオ マイ パイ チーアンマイ

■ 私はタイ人ではありません。

phǒm mâi chǎi khon thai (k)
ポム マイ チャイ コン タイ

phǒm mâi chǎi ~~pen~~ khon thai
※否定形では pen が消える

■ 彼はチェンマイに行きませんでした。

khǎu mâi dâi pai chiiaŋmài (k)
カオ マイ ダイ パイ チーアンマイ

「チェンマイに行く予定だったが、行けなかった」というニュアンス

疑問形

●疑問詞は文末に置く

肯定文を疑問形にするには、文末に「mái (マイ)」を置きます。否定文や、「〜かどうか？」を確認するような場合「rǔɯ (ルー)」、「rɯ́plàau (ルプラーオ)」を文末に置きます。Yes を前提として同意や確認を求める「chǎi mái (チャイマイ)」はよく使う疑問詞です。

■ あなたはチェンマイに行きますか？

khun pai chiiaŋmài mái (k)
クン パイ チーアンマイ マイ

■ 彼はタイ人なんですよね？

khǎu pen khon thai chǎi mái (k)
カオ ペン コン タイ チャイ マイ

~~khǎu pen khon thai mái~~
※「pen」を使った文章には「mái」は使えない。

疑問詞と助動詞

●疑問詞

何？、いつ？、どこ？、なぜ？ など Yes No で応えられない疑問文の場合、「mái」ではなくそれぞれ疑問詞が必要になりますが、語順は変わらず、疑問詞は文末に置きます。

疑問詞		例文
arai アライ	何	nîi (**khɯɯ) arai (k) ニー（クー） アライ(K)「これは何ですか？」 (khun) chɯ̂ɯ arai (k)(クン) チュー アライ(K) 「(あなたの) 名前は何ですか？」 *chɯ̂ɯ ＝名前
mɯ̂ɯarai ムーアライ	いつ	pai chiiaŋmài mɯ̂ɯarai (k) パイ チーアンマイ ムーアライ (K) 「いつチェンマイへ行きますか？」
thîinǎi ティーナイ	どこ	*yùu thîinǎi (k) ユー ティーナイ (K)「どこにいますか？」 khun pen khon thîinǎi (k) クン ペン コン ティーナイ (K) 「あなたはどこから（出身）来ましたか？」 *yùu ＝いる、ある（所在）
thammai タムマイ	なぜ	pai chiiaŋmài thammai (k) パイ チーアンマイ タムマイ (K) 「どうしてチェンマイへ行くんですか？」
khrai クライ	誰	kháu pen khrai (k) カオ ペン クライ (K)「彼は誰ですか？」 pai kàp khrai (k) パイ カップ クライ (K)「誰と行きますか？」 *kàp ＝～と
yàaŋrai ヤーンライ(文語) yaŋŋai ヤンガイ（口語）	どうやって	pai chiiaŋmài yaŋŋai (k) パイ チーアンマイ ヤンガイ (K) 「どうやってチェンマイへ行くんですか？」 *tham yaŋŋai dii (k) タム ヤンガイ ディー (K) 「どうすればいいですか？」 *tham ＝つくる
thâurài タオライ	いくら いくつ	nîi thâurài (k) ニー タオライ (K)「これはいくらですか？」 *aayú thâurài (k) アーユ タオライ (K)「何歳ですか？」 *aayú ＝歳
名詞＋ nǎi ～ナイ	どの～	an nǎi (k) アン ナイ (K)「どれですか？」 *an ＝個（類別詞） khon nǎi (k) コン ナイ (K)「どの人ですか？」

** 「khɯɯ」は「pen」と同じ be 動詞の役割を果たす助詞で、「khɯɯ」は主に「物」を説明するときに、「pen」は主に「人や物の所属」を表すときに使います。いづれも口語では省略されることがあります。

●助動詞

助動詞は動詞の前と後ろに置く場合があります。否定形にするには「mâi」を助動詞の前に置きます。以下、主な助動詞をいくつか挙げておきます。

- ～ dâi（ダイ） ：～できる an níi kin dâi mái (k)「これは食べられますか？」
  アン ニー キン ダイ マイ
- yàak ～（ヤーク） ：～したい yàak kin an níi (k)「これが食べたいです。」
  ヤーク キン アン ニー
- khəəy ～（クーイ） ：～したことがある khəəy kin an níi mái (k)「これを食べたことがありますか？」
  クーイ キン アン ニー マイ
- yàa ～（ヤー） ：～しないで yàa kin an níi (k)「これは食べないでください。」
  ヤー キン アン ニー
- tɔ̂ŋ ～（トン） ：～しなければならない tɔ̂ŋ kin an níi (k)「これを食べなければいけません。」
  トン キン アン ニー

あいさつ ทักทาย

日本語	ローマ字/カナ読み	タイ語
□ おはよう	arun sawàt アルン サワット	อรุณสวัสดิ์
□ こんにちは	sawàt dii サワット ディー	สวัสดี
□ こんばんは	sawàt dii サワット ディー	สวัสดี
□ さようなら	laakɔ̀ɔn ラーコーン	ลาก่อน
□ お元気で	chôok dii チョーク ディー	โชคดี
□ お幸せに	khɔ̌ɔ hâi mii khwaam sùk コー ハイ ミー クワーム スック	ขอให้มีความสุข
□ また会いましょう	phóp kan mài ポップ カン マイ	พบกันใหม่
□ はじめまして	yindii thîi dâi rúucàk インディー ティー ダイ ルーチャック	ยินดีที่ได้รู้จัก
□ こちらこそ	chên kan チェン カン	เช่นกัน
□ お元気ですか?	sabaay dii mái サバーイ ディー マイ	สบายดีไหม
□ 元気です	sabaay dii サバーイ ディー	สบายดี
□ あなたは?	khun là クン ラ	คุณล่ะ
□ ありがとう	khɔ̀ɔp khun コープ クン	ขอบคุณ
□ どういたしまして	mâi pen rai マイ ペン ライ	ไม่เป็นไร
□ 気にしないで下さい	mâi tɔ̂ŋ kreeŋcai マイ トン クレーンチャイ	ไม่ต้องเกรงใจ
□ ごめんなさい	khɔ̌ɔ thôot コー トート	ขอโทษ
□ すみません	khɔ̌ɔ thôot コー トート	ขอโทษ
□ どうぞ	chəən チューン	เชิญ
□ おやすみなさい	raatrii sawàt ラートリー サワット	ราตรีสวัสดิ์
□ 自己紹介	nɛ́nam tua ネナム トゥア	แนะนำตัว

ศัพท์สำคัญ

ภาษาญี่ปุ่น (タイ人用)
โอฮาโย おはよう
คนนิจิวะ こんにちは
คมบังวะ こんばんは
ซาโยนาระ さようなら
โอเก็งคิเดะ おげんきで
โอชิอาวาเซนิ おしあわせに
มาตะ อาอิมาโช またあいましょう
ฮะจิเมะ มาชิเตะ はじめまして
โคจิระโคโซะ こちらこそ
โอเก็งคิเดสุกะ おげんきですか?
เก็งคิเดสุ げんきです
อะนาตะวะ あなたは
อะริกาโต ありがとう
โด อิตาชิมาชิเตะ どういたしまして
คินิชิไนเดะ คุดาไซ きにしないでください
โกเมนนาไซ ごめんなさい
ซุมิมาเซน すみません
โดโซะ どうぞ
โอยาซุมินาไซ おやすみなさい
จิโคโชไก じこしょうかい

文章でも覚えよう！

こんにちは。

สวัสดี (K)

サワット　ディー (K)

sawàt dii (k)

คนนิจิวะ

ありがとう。

ขอบคุณ (K)

コープ　クン (K)

khɔ̀ɔp khun (k)

อะริกาโต

お元気（げんき）ですか？

สบายดีไหม (K)

サバーイ　ディー　マイ (K)

sabaay dii mái (k)

โอะเก็งคิเดสุกะ

元気（げんき）です。

สบายดี (K)

サバーイ　ディー (K)

sabaay dii (k)

เก็งคิเดสุ

ศัพท์สำคัญ

MP3 -02

人や物を指す言葉 เกี่ยวกับคนและสิ่งของ

日本語	ローマ字/カナ読み	タイ語
□ 私（男）	phǒm ポム	ผม
□ 私（女）	dichán ディチャン	ดิฉัน
□ 私たち（男）	phûak phǒm プアック ポム	พวกผม
□ 私たち（女）	phûak dichán プアック ディチャン	พวกดิฉัน
□ あなた	khun クン	คุณ
□ 彼、彼女	kháu カオ	เขา
□ 彼ら	phûak kháu プアック カオ	พวกเขา
□ これ	nîi ニー	นี่
□ それ	nân ナン	นั่น
□ あれ	nôon ノーン	โน่น
□ この	níi ニー	นี้
□ その	nán ナン	นั้น
□ あの	nóon ノーン	โน้น
□ 私のもの（男）	khɔ̌ɔŋ phǒm コーン ポム	ของผม
□ 私のもの（女）	khɔ̌ɔŋ dìchán コーン ディチャン	ของดิฉัน
□ 名前	chɯ̂ɯ チュー	ชื่อ
□ 姓	naam sakun ナーム サクン	นามสกุล
□ ニックネーム	chɯ̂ɯ lên チュー レン	ชื่อเล่น
□ 俺	kuu クー	กู
□ お前	mɯŋ ムン	มึง

ภาษาญี่ปุ่น (タイ人用)
วาตาชิ わたし
วาตาชิ わたし
วาตาชิ ตาจิ わたしたち
วาตาชิ ตาจิ わたしたち
อะนาตะ あなた
คาเระ, คาโนโจะ かれ、かのじょ
คาเรระ かれら
โคเระ これ
โซเระ それ
อาเระ あれ
โคโนะ この
โซโนะ その
อาโนะ あの
วาตาชิ โนะ โมโนะ わたしのもの
วาตาชิ โนะ โมโนะ わたしのもの
นามาเอะ なまえ
เซ せい
นิคคุ เนมุ にっくねーむ
โอเระ おれ
โอมาเอะ おまえ

文章でも覚えよう！

あなたの名前(なまえ)は何(なん)ですか？

คุณชื่ออะไร (K)

クン　チュー　アライ (K)

khun chŵʉ arai (k)

อะนาตะโนะนามะเอะวะนันเดสุกะ

私(わたし)の名前(なまえ)は田中(たなか)です。

ผม / ดิฉันชื่อทานากะ (K)

ポム / ディチャン　チュー　ターナーカ (K)

phǒm / dichán chŵʉ thaanaaka (k)

วาตาชิโนะนามะเอะวะทานากะเดสุ

これは私(わたし)のものです。

นี่ของผม / ดิฉัน (K)

ニー　コーン　ポム / ディチャン (K)

nîi khɔ̌ɔŋ phǒm / dichán (k)

โคเระวะวาตาชิโนะโมโนะเดสุ

あなたのものはどれですか？

ของคุณอันไหน (K)

コーン　クン　アン　ナイ (K)

khɔ̌ɔŋ khun an nǎi (k)

อะนาตะโนะโมโนะวะโดเระเดสุกะ

MP3-03

家族の名称 ชื่อของครอบครัว

日本語	ローマ字/カナ読み	タイ語
□家族	khrɔ̂ɔp khrua クロープ クルア	ครอบครัว
□両親	phɔ̂ɔ mɛ̂ɛ ポー メー	พ่อแม่
□父	phɔ̂ɔ ポー	พ่อ
□祖父（父方）	pùu プー	ปู่
□祖母（父方）	yâa ヤー	ย่า
□祖父（母方）	taa ター	ตา
□祖母（母方）	yaay ヤーイ	ยาย
□おばさん	pâa パー	ป้า
□母	mɛ̂ɛ メー	แม่
□息子	lûuk chaay ルーク チャーイ	ลูกชาย
□娘	lûuk sǎaw ルーク サーウ	ลูกสาว
□孫	lǎan ラーン	หลาน
□きょうだい	phîi nɔ́ɔŋ ピー ノーン	พี่น้อง
□兄	phîi chaay ピー チャーイ	พี่ชาย
□姉	phîi sǎaw ピー サーウ	พี่สาว
□弟	nɔ́ɔŋ chaay ノーン チャーイ	น้องชาย
□妹	nɔ́ɔŋ sǎaw ノーン サーウ	น้องสาว
□夫	sǎamii サーミー	สามี
□妻	phanrayaa パンラヤー	ภรรยา
□自分	tua eeŋ トゥア エーン	ตัวเอง

ภาษาญี่ปุ่น (タイ人用)
คะโซคุ かぞく
เรียวชิน りょうしん
จิจิ ちち
โซฟุ そふ
โซโบะ そぼ
โซฟุ そふ
โซโบะ そぼ
โอบะซัง おばさん
ฮาฮะ はは
มุซุโกะ むすこ
มุซุเมะ むすめ
มาโกะ まご
เคียวได きょうだい
อะนิ あに
อะเนะ あね
โอโตโตะ おとうと
อิโมโตะ いもうと
อตโตะ おっと
ซึมะ つま
จิบุน じぶん

文章でも覚えよう!

私(わたし)の父(ちち)です。

พ่อของผม / ดิฉัน (K)

ポー　コーン　ポム / ディチャン (K)

phɔ̂ɔ khɔ̌ɔŋ phǒm / dichán (k)

วาตาชิโนะจิจิเดสุ

私(わたし)の母(はは)です。

แม่ของผม / ดิฉัน (K)

メー　コーン　ポム / ディチャン (K)

mɛ̂ɛ khɔ̌ɔŋ phǒm / dichán (k)

วาตาชิโนะฮาฮะเดสุ

3人兄弟(さんにんきょうだい)です。

มีพี่น้อง 3 คน (K)

ミー　ピー　ノーン　サーム　コン (K)

mii phîi nɔ́ɔŋ sǎam khon (k)

ซานนินเคียวไดเดสุ

自分(じぶん)でできます。

ทำเองได้ (K)

タム　エーン　ダイ (K)

tham eeŋ dâi (k)

จิบุนเดะเดคิมัสสุ

MP3-04

質問と答え ถามตอบ

日本語	ローマ字/カナ読み	タイ語
□ ～ですか?	chây rǔu plàau チャイ ル プラーオ	ใช่หรือเปล่า
□ ～ですね	chây mái チャイ マイ	ใช่ไหม
□ はい	chây チャイ	ใช่
□ いいえ	mây chây マイ チャイ	ไม่ใช่
□ 何?	arai アライ	อะไร
□ いつ?	mɯ̂ɯarài ムーアライ	เมื่อไร
□ どこ?	thîinǎi ティーナイ	ที่ไหน
□ なぜ?	thammai タムマイ	ทำไม
□ どのような?	yàaŋrai ヤーンライ	อย่างไร
□ いくら?	thâurai タオライ	เท่าไร
□ どれ?	nǎi ナイ	ไหน
□ どっち?	thaaŋ nǎi / an nǎi ターン ナイ / アン ナイ	ทางไหน/อันไหน
□ 誰?	khrai クライ	ใคร
□ 誰の?	khɔ̌ɔŋ khrai コーン クライ	ของใคร
□ 誰と?	kàp khrai カップ クライ	กับใคร
□ 何歳?	aayú thâurai アーユ タオライ	อายุเท่าไร
□ ある	mii ミー	มี
□ ない	mây mii マイ ミー	ไม่มี
□ ～です(男)	～ khráp ～クラップ	～ ครับ
□ ～です(女)	～ khâ ～カ	～ ค่ะ

ศัพท์สำคัญ

ภาษาญี่ปุ่น (タイ人用)
～ เดสุกะ ～ですか
～ เดสุเนะ ～ですね
ไฮ はい
อีเอะ いいえ
นะนิ なに
อิซึ いつ
โดโคะ どこ
นะเสะ なぜ
โดโนโยนะ どのような
อิคุระ いくら
โดเระ どれ
ดดจิ どっち
ดาเระ だれ
ดาเรโนะ だれの
ดาเรโตะ だれと
นันไซ なんさい
อะรุ ある
ไน ない
～ เดสุ ～です
～ เดส ～です

文章でも覚えよう！

これはいくらですか？

นี่เท่าไร (K)

ニー　タオライ (K)

nîi thâurài (k)

โคเระวะอิคุระเดสุกะ

何歳（なんさい）ですか？

อายุเท่าไร (K)

アーユ　タオライ (K)

aayú thâurài (k)

นันไซเดสุกะ

ここはどこですか？

ที่นี่ที่ไหน (K)

ティー　ニー　ティー　ナイ (K)

thîi nîi thîi nǎi (k)

โคโคะวะโดโคะเดสุกะ

これは誰（だれ）のですか？

นี่ของใคร (K)

ニー　コーン　クライ (K)

nîi khɔ̌ɔŋ khrai (k)

โคเระวะดาเระโนะเดสุกะ

ศัพท์สำคัญ

助動詞 กริยาช่วย

日本語	ローマ字/カナ読み	タイ語
□ ～できる（能力）	～ dâi ～ダイ	～ ได้
□ ～できる（学んで）	～ pen ～ペン	～ เป็น
□ ～できない	～ mâi dâi ～マイ ダイ	～ ไม่ได้
□ ～したい	yàak ～ ヤーク ～	อยาก ～
□ ～して下さい	karunaa ～ カルナー～	กรุณา ～
□ ～してあげる	～ hâi ハイ～	～ ให้
□ ～してはいけない（強い）	hâam ～ ハーム～	ห้าม ～
□ ～しないで下さい	yàa ～ ヤー～	อย่า ～
□ ～しなければいけない	tɔ̂ŋ ～ トン～	ต้อง ～
□ ～する必要がある	khuan ～ クアン～	ควร ～
□ ～したことがある	khəəy ～ クーイ～	เคย ～
□ ～させて下さい	khɔ̌ɔ ～ コー～	ขอ ～
□ ～している	kamlaŋ ～ カムラン～	กำลัง ～
□ ～しようとしない	mâi yɔɔm ～ マイ ヨーム～	ไม่ยอม ～
□ ～かもしれない	àat cà ～ アート チャ～	อาจจะ ～
□ ～してもいい	～ kɔ̂ɔ dâi ～コー ダイ	～ ก็ได้
□ きっと～だろう	cà ～ nɛ̂ɛ チャ～ネー	จะ ～ แน่
□ どうか～して下さい	karunaa ～ nɔ̀y カルナー～ノイ	กรุณา ～ หน่อย
□ ～すべきだ	khuan ～ クアン～	ควร ～
□ ～すべきでない	mâi khuan ～ マイ クアン～	ไม่ควร ～

ภาษาญี่ปุ่น (タイ人用)

~ เดคิรุ
~できる

~ เดคิรุ
~できる

~ เดคิไน
~できない

~ ชิไต
~したい

~ ชิเตะ คุดาไซ
~してください

~ ชิเตะ อะเกรุ
~してあげる

~ ชิเตะวะ อิเคไน
~してはいけない

~ ชิไนเดะ คุดาไซ
~しないでください

~ ชินะเคเรบะ อิเคไน
~しなければいけない

~ ซุรุ ฮิซึโยกะ อะรุ
~するひつようがある

~ ชิตาโคโตะกะ อะรุ
~したことがある

~ ซาเซเตะ คุดาไซ
~させてください

~ ชิเตอิรุ
~している

~ ชิโยโตะ ชิไน
~しようとしない

~ คาโมะ ชิเรไน
~かもしれない

~ ชิเตโมะ อี
~してもいい

คิตโต ~ ดะโร
きっと~だろう

โดคะ ~ ชิเตะ คุดาไซ
どうか~してください

~ ซุเบคิดะ
~すべきだ

~ ซุเบคิเดะ ไน
~すべきでない

文章でも覚えよう!

私はタイ語が話せます。

ผม / ดิฉันพูดภาษาไทยได้ (K)

ポム / ディチャン　プート　パーサー　タイ　ダイ (K)

phŏm / dichán phûut phaasăa thai dâi (k)

วาตาชิวะไทโกะกะฮานะเซมัสสุ

私はタイ語が話せません。

ผม / ดิฉันพูดภาษาไทยไม่ได้ (K)

ポム / ディチャン　プート　パーサー　タイ　マイ　ダイ (K)

phŏm / dichán phûut phaasăa thai mâi dâi (k)

วาตาชิวะไทโกะกะฮานะเซมะเซน

学ぶ必要があります。

ต้องเรียน (K)

トン　リーアン (K)

tôŋ riian (k)

มานะบุฮิซึโยกะอะริมัสสุ

もっと勉強するべきだ。

ควรเรียนมากกว่านี้ (K)

クアン　リーアン　マーク　クワー　ニー (K)

khuan riian mâak kwàa níi (k)

โมตโตะเบนเคียวซุรุเบะคิดะ

副詞 กริยาวิเศษณ์

日本語	ローマ字/カナ読み	タイ語
□ とても～	～ mâak ～マーク	～ มาก
□ 非常に～	～ mâak ～マーク	～ มาก
□ 少し～	～ nɔ́ɔy ～ノーイ	～ น้อย
□ かなり～	khɔ̂n khâaŋ ～ コン カーン～	ค่อนข้าง ～
□ ほとんど～	sùan yài ～ スアン ヤイ～	ส่วนใหญ่ ～
□ 最も～	～ thîi sùt ～ティー スット	～ ที่สุด
□ 普通は～	pokatì ～ ポカティ～	ปกติ ～
□ ずっと～	～ talɔ̀ɔt ～タロート	～ ตลอด
□ 特に～	dooy chaphɔ́ ～ ドーイ チャポ～	โดยเฉพาะ ～
□ いつも	samə̌ə サムー	เสมอ
□ まったく～ない	mâi ～ ləəy マイ～ルーイ	ไม่ ～ เลย
□ しばらく～	～ pen weelaa naan ～ペン ウェーラー ナーン	～ เป็นเวลานาน
□ やはり～	～ yàaŋ thîi khít wái ～ヤーン ティー キット ワイ	～ อย่างที่คิดไว้
□ ～もまた	lɛ́ɛw kɔ̂ɔ ～ レーウ コー～	แล้วก็ ～
□ 一緒に～	～ dûay ～ドゥアイ	～ ด้วย
□ もちろん～	～ nɛ̂ɛ nɔɔn ～ネー ノーン	～ แน่นอน
□ たぶん～	khít wâa ～ キット ワー～	คิดว่า ～
□ もしかしたら～	àat cà ～ アート チャ～	อาจจะ ～
□ ついに～	nai thîi sùt ～ ナイ ティー スット～	ในที่สุด ～
□ もう一度～	～ ìik khráŋ ～イーク クラン	～ อีกครั้ง

ภาษาญี่ปุ่น (タイ人用)

โตเตโมะ ~
とても ~

ฮิโจนิ ~
ひじょうに ~

ซุโคชิ ~
すこし ~

คานาริ ~
かなり ~

โฮะตนโดะ ~
ほとんど ~

โมตโตะโมะ ~
もっとも ~

ฟุซือวะ ~
ふつうは ~

ซุตโตะ ~
ずっと ~

โตคุนิ ~
とくに ~

อิซึโมะ ~
いつも ~

มัตตะคุ ~ ไน
まったく ~ ない

ชิบาราคุ ~
しばらく ~

ยาฮาริ ~
やはり ~

~ โมะ มาตะ
~ もまた

อิดโชนิ ~
いっしょに ~

โมจิรน ~
もちろん ~

ทะบุน ~
たぶん ~

โมชิกะชิตาระ ~
もしかしたら ~

ซึยนิ ~
ついに ~

โมอิจิโดะ ~
もういちど ~

文章でも覚えよう！

彼(かれ)はとてもタイが好(す)きだ。

เขาชอบไทยมาก (K)

カオ　チョープ　タイ　マーク (K)

khǎu chɔ̂ɔp thai mâak (k)

คาเระวะโตเตะโมะไทกะซุคิดะ

タイ料理(りょうり)は少(すこ)し辛(から)い。

อาหารไทยเผ็ดนิดหน่อย (K)

アーハーン　タイ　ペット　ニット　ノイ (K)

aahǎan thai phèt nít nɔ̀y (k)

ไทเรียวริวะซุโคชิคาไร

まったく問題(もんだい)ない。

ไม่มีปัญหา (K)

マイ　ミー　パンハー (K)

mâi mii panhǎa (k)

มัตตะคุมนไดไน

もう一度(いちど)言(い)って下(くだ)さい。

กรุณาพูดอีกครั้ง (K)

カルナー　プート　イーク　クラン (K)

karunaa phûut ìik khráŋ (k)

โมอิจิโดอิตเตะคุดาไซ

MP3 -07

類別詞 คำลักษณะนาม

日本語	ローマ字/カナ読み	タイ語
□ ～人	～ khon ～コン	～ คน
□ ～匹、頭	～ tua ～トゥア	～ ตัว
□ ～本（ビンなど）	～ khùat ～クアット	～ ขวด
□ ～本（タバコなど）	～ muan ～ムアン	～ มวน
□ ～杯（グラスなど）	～ kɛ̂ɛw ～ケーウ	～ แก้ว
□ ～杯（どんぶり）	～ chaam ～チャーム	～ ชาม
□ ～冊	～ lêm ～レム	～ เล่ม
□ ～着	～ chút ～チュット	～ ชุด
□ ～個（細かいもの）	～ an ～アン	～ อัน
□ ～個（果物など）	～ lûuk ～ルーク	～ ลูก
□ ～箱	～ klɔ̀ŋ ～クロン	～ กล่อง
□ ～台（車など）	～ khan ～カン	～ คัน
□ ～錠（薬）	～ mét ～メット	～ เม็ด
□ ～回	～ khráŋ ～クラン	～ ครั้ง
□ ～人前	～ thîi ～ティー	～ ที่
□ ～缶	～ krapɔ̌ŋ ～クラポン	～ กระป๋อง
□ ～皿	～ caan ～チャーン	～ จาน
□ ～枚	～ bai ～バイ	～ ใบ
□ ～組、足	～ khûu ～クー	～ คู่
□ ～種類	～ chanít ～チャニット	～ ชนิด

ภาษาญี่ปุ่น (タイ人用)

~ นิน
~にん

~ ฮิคิ, ~ โต
~ひき、~とう

~ บง
~ほん

~ บง
~ほん

~ ไฮ
~はい

~ ไฮ
~はい

~ ซะซึ
~さつ

~ ชะคุ
~ちゃく

~ โคะ
~こ

~ โคะ
~こ

~ ฮาโคะ
~はこ

~ ได
~だい

~ โจ
~じょう

~ ไค
~かい

~ นินมาเอะ
~にんまえ

~ คัน
~かん

~ ซาระ
~さら

~ ไม
~まい

~ คุมิ, โซคุ
~くみ、~そく

~ ชุรุย
~しゅるい

文章でも覚えよう！

私(わたし)の家族(かぞく)は5人家族(ごにんかぞく)です。

ครอบครัวของผม / ดิฉันมี 5 คน (K)

クロープ　クルーア　コーン　ポム / ディチャン　ミー　ハー　コン (K)

khrɔ̂ɔp khruua khɔ̌ɔŋ phǒm / dichán mii hâa khon (k)

วาตาชิโนะคะโซคุวะโกนินคะโซคุเดสุ

ビールをもう1本下(いっぽんくだ)さい。

ขอเบียร์อีก 1 ขวด (K)

コー　ビーア　イーク　ヌン　クアット (K)

khɔ̌ɔ biia ìik nɯ̀ŋ khùat (k)

บีรุโวะโมอิปปนคุดาไซ

はがき3枚(さんまい)でいくらですか？

ไปรษณียบัตร 3 ใบเท่าไร (K)

プライサニーヤバット　サーム　バイ　タオライ (K)

praisaniiyabàt sǎam bai thâurài (k)

ฮากาคิซานไมเดะอิคุระเดสุกะ

車(くるま)を2台持(にだいも)っています。

มีรถ 2 คัน (K)

ミー　ロット　ソーン　カン (K)

mii rót sɔ̌ɔŋ khan (k)

คุรุมะโวะนิไดโมตเตะอิมัสสุ

形や状態 รูปร่าง สภาพ

基本単語

日本語	ローマ字/カナ読み	タイ語
□ 四角	sìi lìiam シー リーアム	สี่เหลี่ยม
□ 丸い	klom クロム	กลม
□ 良い	dii ディー	ดี
□ 悪い	mâi dii マイ ディー	ไม่ดี
□ 新しい	mài マイ	ใหม่
□ 古い	kàu カオ	เก่า
□ 明るい	sawàaŋ サワーン	สว่าง
□ 暗い	mûɯt ムート	มืด
□ 硬い	khĕŋ ケン	แข็ง
□ 柔らかい	nîm ニム	นิ่ม
□ 同じ	mɯ̌ɯan kan ムーアン カン	เหมือนกัน
□ 異なる	tàaŋ kan ターン カン	ต่างกัน
□ うるさい	nùak hǔu ヌアック フー	หนวกหู
□ 静かな	ŋîiap ギーアップ	เงียบ
□ 乾いた	hɛ̂ɛŋ ヘーン	แห้ง
□ 濡れた	pìiak ピーアック	เปียก
□ 清潔	saàat サアート	สะอาด
□ 汚い	sòkkapròk ソックカプロック	สกปรก
□ 美しい	sǔay スアイ	สวย
□ かわいい	nâa rák ナー ラック	น่ารัก

ภาษาญี่ปุ่น（タイ人用）
ชิคาคุ しかく
มารุย まるい
โยย よい
วารุย わるい
อะตาราชี あたらしい
ฟุรุย ふるい
อะคารุย あかるい
คุไร くらい
คาไต かたい
ยาวาระไค やわらかい
โอนาจิ おなじ
โคโตะนารุ ことなる
อุรุไซ うるさい
ชิซุคะนะ しずかな
คาไวตะ かわいた
นุเรตะ ぬれた
เซเคซึ せいけつ
คิตาไน きたない
อุซึคุชี うつくしい
คาวาอี かわいい

文章でも覚えよう！

彼(かれ)はいい人(ひと)です。

เขาเป็นคนดี (K)

カオ　ペン　コン　ディー (K)

kháu pen khon dii (k)

คาเระวะอีฮิโตะเดสุ

新(あたら)しい家(いえ)を買(か)う。

ซื้อบ้านใหม่ (K)

スー　バーン　マイ (K)

súɯ bâan mài (k)

อะตาราชีอิเอะโวะคาอุ

隣(となり)の部屋(へや)がうるさい。

ห้องข้างๆหนวกหู (K)

ホン　カーン　カーン　ヌアック　フー (K)

hɔ̂ŋ khâaŋ khâaŋ nùak hǔu (k)

โตนาริโนะเฮะยะกะอุรุไซ

あなたはかわいい。

คุณน่ารัก (K)

クン　ナー　ラック (K)

khun nâa rák (k)

อะนาตะวะคาวาอี

位置や方向 คำชี้สถานที่และทิศทาง

日本語	ローマ字/カナ読み	タイ語
□東	thít tawan ɔ̀ɔk ティット タワン オーク	ทิศตะวันออก
□西	thít tawan tòk ティット タワン トック	ทิศตะวันตก
□南	thít tâai ティット ターイ	ทิศใต้
□北	thít nʉ̌ʉa ティット ヌーア	ทิศเหนือ
□右	khwǎa クワー	ขวา
□左	sáay サーイ	ซ้าย
□横	khâaŋ khâaŋ カーン カーン	ข้างๆ
□上	bon ボン	บน
□下	lâaŋ ラーン	ล่าง
□前	nâa ナー	หน้า
□後	lǎŋ ラン	หลัง
□向かい	troŋ khâam トロン カーム	ตรงข้าม
□中	nai ナイ	ใน
□外	nɔ̂ɔk ノーク	นอก
□真ん中	troŋ klaaŋ トロン クラーン	ตรงกลาง
□遠い	klai クライ	ไกล
□近い	klâi クライ	ใกล้
□ここ	thîi nîi ティー ニー	ที่นี่
□そこ	thîi nân ティー ナン	ที่นั่น
□あそこ	thîi nôon ティー ノーン	ที่โน่น

ภาษาญี่ปุ่น (タイ人用)
ฮิกาชิ ひがし
นิชิ にし
มินามิ みなみ
คิตะ きた
มิกิ みぎ
ฮิดาริ ひだり
โยโคะ よこ
อุเอะ うえ
ชิตะ した
มาเอะ まえ
อุชิโระ うしろ
มุไก むかい
นะขะ なか
โซโตะ そと
มัน นะขะ まんなか
โทโอย とおい
จิไก ちかい
โคโคะ ここ
โซโคะ そこ
อะโซโคะ あそこ

文章でも覚えよう！

太陽(たいよう)は東(ひがし)から昇(のぼ)る。

พระอาทิตย์ขึ้นทางทิศตะวันออก (K)
プラ アーティット クン ターン ティット タワン オーク (K)
phrá aathít khûn thaaŋ thít tawan ɔ̀ɔk (k)
ไทโยวะฮิกาชิคาระโนโบรุ

お店(みせ)は右側(みぎがわ)にあります。

ร้านอยู่ทางขวา (K)
ラーン ユー ターン クワー (K)
ráan yùu thaaŋ khwǎa (k)
โอมิเซะวะมิกิกะวานิอะริมัสสุ

そのお店(みせ)の向(む)かいです。

ตรงข้ามร้านนั้น (K)
トロン カーム ラーン ナン (K)
troŋ khâam ráan nán (k)
โซโนะโอมิเซะโนะมุไคเดสุ

家(いえ)はバンコクから遠(とお)い。

บ้านอยู่ไกลจากกรุงเทพ (K)
バーン ユー クライ チャーク クルンテープ (K)
bâan yùu klai càak kruŋthêep (k)
อิเอะวะบันโคคุคาระโทโอย

MP3-10

前置詞 คำบุพบท

日本語	ローマ字/カナ読み	タイ語
□ ～で（場所）	thîi ～ ティー～	ที่ ～
□ ～で（手段）	dooy ～ ドーイ～	โดย ～
□ ～で、用いて	dûay ～ ドゥアイ～	ด้วย ～
□ ～と共に	～ dûay kan ～ドゥアイ カン	～ ด้วยกัน
□ ～から（場所）	càak ～ チャーク～	จาก ～
□ ～から（時間）	tâŋtɛ̀ɛ ～ タンテー～	ตั้งแต่ ～
□ ～まで（場所、時）	thʉ̌ŋ ～ トゥン～	ถึง ～
□ ～より	càak ～ チャーク～	จาก ～
□ ～の（所有）	khɔ̌ɔŋ ～ コーン～	ของ ～
□ ～のうちに	phaay nai ～ パーイ ナイ～	ภายใน ～
□ ～次第	lɛ́ɛw tɛ̀ɛ ～ レーウ テー～	แล้วแต่ ～
□ ～のため	phʉ̂ʉa ～ プーア～	เพื่อ ～
□ ～にしたがって	taam ～ ターム～	ตาม ～
□ ～については	sǎmràp ～ サムラップ～	สำหรับ ～
□ ～に関して	kìiaw kàp ～ キーアウ カップ～	เกี่ยวกับ ～
□ ～を通じて	phàan ～ パーン～	ผ่าน ～
□ ～のような	mʉ̌ʉan kàp ～ ムーアン カップ～	เหมือนกับ ～
□ ～に対して	kɛ̀ɛ ～ ケー～	แก่ ～
□ ～以外に	nɔ̂ɔk càak ～ ノーク チャーク～	นอกจาก ～
□ ～をのぞいて	yók wén ～ ヨック ウェン～	ยกเว้น ～

ภาษาญี่ปุ่น (タイ人用)

~ เดะ
~で

~ เดะ
~で

~ เดะ, โมจิอิเตะ
~で、もちいて

~ โตะ โตโมนิ
~とともに

~ คาระ
~から

~ คาระ
~から

~ มาเดะ
~まで

~ โยริ
~より

~ โนะ
~の

~ โนะ อุจินิ
~のうちに

~ ชิได
~しだい

~ โนะ ทาเมะ
~のため

~ นิ ชิตะกัตเตะ
~にしたがって

~ นิ ซึยเตะวะ
~については

~ นิ คันชิเตะ
~にかんして

~ โวะ ซึอิจิเตะ
~をつうじて

~ โนะ โยนะ
~のような

~ นิ ไทชิเตะ
~にたいして

~ อิไกนิ
~いがいに

~ โวะ โนโซยเตะ
~をのぞいて

文章でも覚えよう！

駅(えき)で待(ま)っています。

ฉันกำลังรออยู่ที่สถานีรถไฟ (K)

チャン ガムラン ロー ユー ティー サターニー ロット ファイ (K)

chán kamlaŋ rɔɔ yùu thîi sathǎanii rót fai (k)

เอคิเดะมัทเทะอิมัสสุ

BTS(びーてぃーえす)で行(い)きます。

ไปโดยบีทีเอส (K)

パイ ドーイ ビーティーエッス (K)

pai dooy biithiiés (k)

บี ที เอสุ เดะอิคิมัสสุ

午前(ごぜん)9時(くじ)から仕事(しごと)です。

ทำงานตั้งแต่ 9 โมงเช้า (K)

タムガーン タンテー カーオ モーンチャーオ (K)

thamŋaan tâŋtɛ̀ɛ kâau mooŋcháau (k)

โกเซนคุจิคาระชิโกโตะเดสุ

午後(ごご)10時(じゅうじ)まで遊(あそ)びます。

ไปเที่ยวถึง 4 ทุ่ม (K)

パイ ティーアウ トゥン シー トゥム (K)

pai thîiaw thʉ̌ŋ sìi thûm (k)

โกโกะจูจิมาเดะอาโซบิมัสสุ

人の性格 นิสัยของคน

日本語	ローマ字/カナ読み	タイ語
□ 性格	nísǎy ニサイ	นิสัย
□ 性格が良い	nísǎy dii ニサイ ディー	นิสัยดี
□ 性格が悪い	nísǎy mâi dii ニサイ マイ ディー	นิสัยไม่ดี
□ 明るい	râa rəəŋ ラー ルーン	ร่าเริง
□ 暗い	mâi râarəəŋ マイ ラールーン	ไม่ร่าเริง
□ 積極的な	múmaaná ムマーナ	มุมานะ
□ 消極的な	mâi klâa マイ クラー	ไม่กล้า
□ 優しい	cai dii チャイ ディー	ใจดี
□ 親切な	cai dii チャイ ディー	ใจดี
□ 愚かな	ŋôo ゴー	โง่
□ 落ち着いた	rîiap rɔ́ɔy リーアップ ローイ	เรียบร้อย
□ やかましい	cùk cìk チュック チック	จุกจิก
□ 厚かましい	nâa dâan ナー ダーン	หน้าด้าน
□ 勝手な	hěn kɛ̀ɛ tuua ヘン ケー トゥーア	เห็นแก่ตัว
□ わがままな	au tɛ̀ɛ cai tuua アオ テー チャイ トゥーア	เอาแต่ใจตัว
□ 怠け者	khîi kìiat キー キーアット	ขี้เกียจ
□ 悪賢い	chalàat kɛɛmkooŋ チャラート ケームコーン	ฉลาดแกมโกง
□ 気が短い	cai rɔ́ɔn チャイ ローン	ใจร้อน
□ 厳格な	khêm ŋûat ケム グアット	เข้มงวด
□ けちな	khîi nǐiaw キー ニーアウ	ขี้เหนียว

ภาษาญี่ปุ่น (タイ人用)

เซคาคุ
せいかく

เซคาคุกะ โยย
せいかくがよい

เซคาคุกะ วารุย
せいかくがわるい

อะคารุย
あかるい

คุไร
くらい

เซ็คเคียวคุ เตะคินะ
せっきょくてきな

โชเคียวคุ เตะคินะ
しょうきょくてきな

ยาซาชี
やさしい

ชินเซซึนะ
しんせつな

โอโรคะนะ
おろかな

โอจิซึยตะ
おちついた

ยาคามาชี
やかましい

อะซึคามาชี
あつかましい

คัตเตะ นะ
かってな

วากะมะมะ นะ
わがままな

นามาเคะ โมะโนะ
なまけもの

วารุกะชิโคย
わるがしこい

คิกะ มิจิไค
きがみじかい

เกนคะคุนะ
げんかくな

เคจินะ
けちな

文章でも覚えよう！

彼(かれ)は親切(しんせつ)な人(ひと)です。

เขาเป็นคนใจดี (K)

カオ　ペン　コン　チャイ　ディー (K)

kháu pen khon cai dii (k)

คาเระวะชินเซซึนะฮิโตะเดสุ

彼女(かのじょ)はわがままだ。

เขาเป็นคนเอาแต่ใจตัว (K)

カオ　ペン　コン　アオ　テー　チャイ　トゥーア (K)

kháu pen khon au tɛ̀ɛ cai tuua (k)

คาโนโจวะวากะมะมะดะ

私(わたし)は怠(なま)け者(もの)です。

ผม / ดิฉันเป็นคนขี้เกียจ (K)

ポム / ディチャン　ペン　コン　キー　キーアット (K)

phǒm / dichán pen khon khîi kìiat (k)

วาตาชิวะนามาเคะโมะโนะเดสุ

あの人(ひと)はけちだ。

คนโน้นเป็นคนขี้เหนียว (K)

コン　ノーン　ペン　コン　キー　ニーアウ (K)

khon nóon pen khon khîi nǐiaw (k)

อาโนะฮิโตะวะเคจิดะ

天気 อากาศ

日本語	ローマ字/カナ読み	タイ語
□天気	aakàat アーカート	อากาศ
□晴れ	aakàat cɛ̀msǎi アーカート チェムサイ	อากาศแจ่มใส
□雨	fǒn フォン	ฝน
□くもり	mʉ̂ʉt khrʉ́m ムート クルム	มืดครึ้ม
□雪	hìmá ヒマ	หิมะ
□気温	unhàphuum ウンハプーム	อุณหภูมิ
□湿度	radàp khwaam chʉ́ʉn ラダップ クワーム チューン	ระดับความชื้น
□暖かい	ùn ウン	อุ่น
□暑い	rɔ́ɔn ローン	ร้อน
□蒸し暑い	rɔ́ɔn òpâaw ローン オップアーウ	ร้อนอบอ้าว
□涼しい	yen イェン	เย็น
□寒い	nǎaw ナーウ	หนาว
□天気予報	phayaakɔɔn aakàat パヤーコーン アーカート	พยากรณ์อากาศ
□梅雨	rʉ́duu fǒn ルドゥー フォン	ฤดูฝน
□どしゃぶり	fǒn tòk nàk フォン トック ナック	ฝนตกหนัก
□稲妻	fáa lɛ̂ɛp ファー レープ	ฟ้าแลบ
□台風	phaayú パーユ	พายุ
□降水確率	parimaan námfǒn パリマーン ナムフォン	ปริมาณน้ำฝน
□洪水	nám thûam ナム トゥアム	น้ำท่วม
□地震	phɛ̀ndin wǎi ペンディン ワイ	แผ่นดินไหว

ภาษาญี่ปุ่น (タイ人用)
เท็งคิ てんき
ฮาเระ はれ
อาเมะ あめ
คุโมริ くもり
ยูคิ ゆき
คิอน きおん
ชิซึโดะ しつど
อะทาทาไก あたたかい
อะซึย あつい
มุชิ อะซึย むしあつい
ซุซุชี すずしい
ซามุย さむい
เท็งคิ โยโฮ てんきよほう
ซึยุ つゆ
โดชะบุริ どしゃぶり
อินะซุมะ いなずま
ไทฟู たいふう
โคซุย คาคุริซึ こうすいかくりつ
โคซุย こうずい
จิชิน じしん

文章でも覚えよう！

今日(きょう)は天気(てんき)がよい。

วันนี้อากาศดี (K)

ワン　ニー　アーカート　ディー (K)

wan níi aakàat dii (k)

เคียววะเท็งคิกะโยย

雨(あめ)が降(ふ)る。

ฝนตก (K)

フォン　トック (K)

fǒn tòk (k)

อาเมะกะฟุรุ

タイはとても暑(あつ)い。

เมืองไทยร้อนมาก (K)

ムーアン　タイ　ローン　マーク (K)

mɯɯaŋ thai rɔ́ɔn mâak (k)

ไทวะโตเตโมะอะซึย

今(いま)、気温(きおん)は何度(なんど)ですか?

ตอนนี้อุณหภูมิกี่องศา (K)

トーン　ニー　ウンハプーム　キー　オンサー (K)

tɔɔn níi unhàphuum kìi oŋsǎa (k)

อิมะคิอนวะนันโดะเดสุกะ

色 สี

日本語	ローマ字/カナ読み	タイ語
□色	sǐi シー	สี
□白	khǎaw カーウ	ขาว
□黒	dam ダム	ดำ
□赤	dɛɛŋ デーン	แดง
□青	námŋən ナムグン	น้ำเงิน
□黄色	lʉ̌ʉaŋ ルーアン	เหลือง
□紺	námŋən khêm ナムグン ケム	น้ำเงินเข้ม
□緑	khǐiaw キーアウ	เขียว
□水色	sǐi fáa シー ファー	สีฟ้า
□紫	mûaŋ ムアン	ม่วง
□ピンク	chomphuu チョムプー	ชมพู
□金	thɔɔŋ トーン	ทอง
□銀	ŋən グン	เงิน
□茶	námtaan ナムターン	น้ำตาล
□蛍光色	sǐi sathɔ́ɔn sɛ̌ɛŋ シー サトーン セーン	สีสะท้อนแสง
□オレンジ色	sǐi sôm シー ソム	สีส้ม
□グレー	sǐi thau シー タオ	สีเทา
□ベージュ	sǐi nʉ́ʉa シー ヌーア	สีเนื้อ
□濃い（色）	khêm ケム	เข้ม
□薄い（色）	ɔ̀ɔn オーン	อ่อน

ภาษาญี่ปุ่น (タイ人用)
อิโระ いろ
ชิโระ しろ
คุโระ くろ
อะกะ あか
อาโอ あお
คิ อิโระ きいろ
คน こん
มิโดริ みどり
มิซุ อิโระ みずいろ
มุระซากิ むらさき
พิงคุ ぴんく
คิน きん
กิน ぎん
ฉะ ちゃ
เคโค โชคุ けいこうしょく
ออเรนจิ อิโระ おれんじいろ
กุเร ぐれー
เบจุ べーじゅ
โคย (อิโระ) こい (いろ)
อุซุย (อิโระ) うすい (いろ)

文章でも覚えよう!

何色(なにいろ)が好(す)きですか?

ชอบสีอะไร (K)

チョープ　シー　アライ (K)

chɔ̂ɔp sǐi arai (k)

นะนิอิโระกะซุคิเดสุกะ

私(わたし)は青(あお)が好(す)きです。

ผม / ดิฉันชอบสีน้ำเงิน (K)

ポム / ディチャン　チョープ　シー　ナムグン (K)

phǒm / dichán chɔ̂ɔp sǐi námŋən (k)

วาตาชิวะอาโอกะซุคิเดสุ

これは何色(なにいろ)ですか?

นี่สีอะไร (K)

ニー　シー　アライ (K)

nîi sǐi arai (k)

โคเระวะนะนิอิโระเดสุกะ

タイのタクシーはカラフルです。

แท็กซี่ของไทยมีหลายสี (K)

テックシー　コーン　タイ　ミー　ラーイ　シー (K)

thɛ́ksîi khɔ̌ɔŋ thai mii lǎay sǐi (k)

ไทโนะทาคุชีวะคาระฟุรุเดสุ

動物　 สัตว์

日本語	ローマ字/カナ読み	タイ語
□ 象	cháaŋ チャーン	ช้าง
□ 犬	mǎa マー	หมา
□ 猫	mɛɛw メーウ	แมว
□ 鼠	nǔu ヌー	หนู
□ 牛	wua ウア	วัว
□ 豚	mǔu ムー	หมู
□ 鶏	kài カイ	ไก่
□ 鳩	nók phírâap ノック ピラープ	นกพิราบ
□ 馬	máa マー	ม้า
□ 水牛	khwaay クワーイ	ควาย
□ 羊	kɛ̀ ケ	แกะ
□ 猿	liŋ リン	ลิง
□ ゴリラ	kɔɔrílâa コーリラー	กอริล่า
□ ライオン	sǐŋtoo シントー	สิงโต
□ 虎	sǔɯa スーア	เสือ
□ コウモリ	kháaŋ khaaw カーン カーウ	ค้างคาว
□ 兎	kratàay クラターイ	กระต่าย
□ パンダ	phɛndâa ペンダー	แพนด้า
□ ラクダ	ùut ウート	อูฐ
□ ワニ	cɔɔrakhêe チョーラケー	จระเข้

ภาษาญี่ปุ่น (タイ人用)
โซ ぞう
อินุ いぬ
เนโกะ ねこ
เนซุมิ ねずみ
อุชิ うし
บุตะ ぶた
นิวะโตริ にわとり
ฮาโตะ はと
อุมะ うま
ซุยกิว すいぎゅう
ฮิซึจิ ひつじ
ซารุ さる
โกริระ ごりら
ไรอน らいおん
โทระ とら
โคโมริ こうもり
อุซากิ うさぎ
พันดะ ぱんだ
ระคุดะ らくだ
วานิ わに

文章でも覚えよう！

タイは象（ぞう）がたくさんいます。

ที่ไทยมีช้างมาก (K)

ティー　タイ　ミー　チャーン　マーク (K)

thîi thai mii cháaŋ mâak (k)

ไทวะโซกะทาคุซานอิมัสสุ

ワニ園（えん）に行（い）きたいです。

อยากไปฟาร์มจระเข้ (K)

ヤーク　パイ　ファーム　チョーラケー (K)

yàak pai faam cɔɔrakhêe (k)

วานิเอนนิอิคิไตเดสุ

動物園（どうぶつえん）はどこですか？

สวนสัตว์อยู่ที่ไหน (K)

スアンサット　ユー　ティー　ナイ (K)

sǔansàt yùu thîi nǎi (k)

โดบุซึเอนวะโดโคะเดสุกะ

競馬場（けいばじょう）に行（い）きませんか？

ไปสนามม้าไหม (K)

パイ　サナーム　マー　マイ (K)

pai sanǎam máa mái (k)

เคบะโจนิอิคิมะเซนกะ

MP3-15

職業の名称 อาชีพ

日本語	ローマ字/カナ読み	タイ語
□ 会社員	phanákŋaan bɔɔrisàt パナックガーン ボーリサット	พนักงานบริษัท
□ 守衛	yaam ヤーム	ยาม
□ 医者	mɔ̌ɔ モー	หมอ
□ 看護婦	phayaabaan パヤーバーン	พยาบาล
□ 教師	aacaan アーチャーン	อาจารย์
□ 生徒（学生）	nák riian ナック リーアン	นักเรียน
□ 歌手	nák rɔ́ɔŋ ナック ローン	นักร้อง
□ 俳優	nák sadɛɛŋ ナック サデーン	นักแสดง
□ モデル（男）	naay bɛ̀ɛp ナーイ ベープ	นายแบบ
□ モデル（女）	naaŋ bɛ̀ɛp ナーン ベープ	นางแบบ
□ 軍人	thahǎan タハーン	ทหาร
□ 警察官	tamrùat タムルアット	ตำรวจ
□ 運転手	khon khàp rót コン カップ ロット	คนขับรถ
□ 車掌	phanákŋaan nai rótfai パナックガーン ナイ ロットファイ	พนักงานในรถไฟ
□ 弁護士	thanaay khwaam タナーイ クワーム	ทนายความ
□ 農業	chaawnaa チャーウナー	ชาวนา
□ 公務員	khâa râatchakaan カー ラートチャカーン	ข้าราชการ
□ 新聞記者	nák khàaw ナック カーウ	นักข่าว
□ パイロット	khon khàp khrɯ̂aŋbin コン カップ クルーアンビン	คนขับเครื่องบิน
□ スチュワーデス	ɛɛ hóostèes エー ホーステース	แอร์โฮสเตส

ภาษาญี่ปุ่น (タイ人用)
ไคชะอิน かいしゃいん
ชุเอ しゅえい
อิชะ いしゃ
คันโกะฟุ かんごふ
เคียวชิ きょうし
เซโตะ (คาคุเซ) せいと (がくせい)
คะชุ かしゅ
ไฮยู はいゆう
โมเดรุ もでる
โมเดรุ もでる
กุนจิน ぐんじん
เคซะซึคัน けいさつかん
อุนเต็นชุ うんてんしゅ
ชะโช しゃしょう
เบ็งโกชิ べんごし
โนเกียว のうぎょう
โคมุอิน こうむいん
ชินบุนคิชะ しんぶんきしゃ
ไพรอตโตะ ぱいろっと
ซุจุวาเดส すちゅわーです

文章でも覚えよう！

あなたの職業(しょくぎょう)は何(なん)ですか？

คุณทำงานอะไร (K)

クン　タムガーン　アライ (K)

khun thamŋaan arai (k)

อะนาตะโนะโชคุเกียววะนันเดสุกะ

私(わたし)は会社員(かいしゃいん)です。

ผม / ดิฉันเป็นพนักงานบริษัท (K)

ポム / ディチャン　ペン　パナックガーン　ボーリサット (K)

phǒm / dichán pen phanákŋaan bɔɔrisàt (k)

วาตาชิวะไคชาอินเดสุ

私(わたし)は歌手(かしゅ)になりたいです。

ผม / ดิฉันอยากเป็นนักร้อง (K)

ポム / ディチャン　ヤーク　ペン　ナックローン (K)

phǒm / dichán yàak pen nákrɔ́ɔŋ (k)

วาตาชิวะคะชุนินาริไตเดสุ

私(わたし)の夢(ゆめ)はパイロットになる事(こと)です。

ความฝันของผม / ดิฉันคืออยากเป็นนักบิน (K)

クワーム ファン コーン ポム / ディチャン クー ヤーク ペン ナックビン (K)

khwaam fǎn khɔ̌ɔŋ phǒm / dichán khɯɯ yàak pen nákbin (k)

วาตาชิโนะยูเมะวะไพโรตโตะนินารุโคโตะเดสุ

宗教 ศาสนา

日本語	ローマ字/カナ読み	タイ語
□ 仏教	sàatsanǎa phút サートサナー プット	ศาสนาพุทธ
□ キリスト教	sàatsanǎa khrít サートサナー クリット	ศาสนาคริสต์
□ プロテスタント	prootéstén プローテステン	โปรเตสแตนต์
□ カトリック	khaathɔɔlìk カートーリック	คาทอลิก
□ 神道	chintoo チントー	ชินโต
□ イスラム教	ìtsalaam イット サラーム	อิสลาม
□ お坊さん	phrá sǒŋ プラ ソン	พระสงฆ์
□ 尼	mɛ̂ɛ chii メー チー	แม่ชี
□ 仏壇	tó phrá ト プラ	โต๊ะพระ
□ ろうそく	thiian ティーアン	เทียน
□ 線香	thûup トゥープ	ธูป
□ 仏像	phrá phút tha rûup プラ プット タ ループ	พระพุทธรูป
□ 袈裟	phâa lɯ̌ɯaŋ パー ルーアン	ผ้าเหลือง
□ 神社	sǎan câau サーン チャーオ	ศาลเจ้า
□ 教会	bòot ボート	โบสถ์
□ 十字架	máai kaaŋkhěen マーイ カーンケーン	ไม้กางเขน
□ 神父	lǔaŋ phɔ̂ɔ ルアン ポー	หลวงพ่อ
□ 牧師	lǔaŋ phɔ̂ɔ ルアン ポー	หลวงพ่อ
□ 托鉢	tàk bàat タック バート	ตักบาตร
□ モスク	suràu スラオ	สุเหร่า

46

ภาษาญี่ปุ่น (タイ人用)
บุคเคียว ぶっきょう
คิริซุโตเคียว きりすときょう
ปุโรเตซุตันโตะ ぷろてすたんと
คาโตริคคุ かとりっく
ชินโต しんとう
อิซุรามุเคียว いすらむきょう
โอโบซัง おぼうさん
อะมะ あま
บุซึดัน ぶつだん
โรโซคุ ろうそく
เซ็งโค せんこう
บุซึโซ ぶつぞう
เคซะ けさ
จินจะ じんじゃ
เคียวไค きょうかい
จูจิคะ じゅうじか
ชินปุ しんぷ
โบคุชิ ぼくし
ทะคุฮะซึ たくはつ
โมซุคุ もすく

文章でも覚えよう！

タイは仏教国(ぶっきょうこく)です。

ประเทศไทยเป็นเมืองพุทธ (K)

プラテート　タイ　ペン　ムーアン　プット (K)

pràthêet thai pen mɯwaŋ phút (k)

ไทวะบุคเคียวโคคุเดสุ

あなたの宗教(しゅうきょう)は何(なん)ですか?

คุณนับถือศาสนาอะไร (K)

クン　ナップトゥー　サートサナー　アライ (K)

khun nápthɯ̌ɯ sàatsanǎa arai (k)

อะนาตะโนะชูเคียววะนันเดสุกะ

日本(にほん)の家庭(かてい)には仏壇(ぶつだん)があります。

บ้านของคนญี่ปุ่นมีโต๊ะพระ (K)

バーン　コーン　コン　イープン　ミー　トプラ (K)

bâan khɔ̌ɔŋ khon yîipùn mii tóphrá (k)

นิฮนโนะคาเทนิวะบุซึดันกะอะริมัสสุ

袈裟(けさ)の色(いろ)はオレンジです。

ผ้าเหลืองสีส้ม (K)

パー　ルーアン　シー　ソム (K)

phâa lɯ̌aŋ sǐi sôm (k)

เคซาโนะอิโระวะโอเรนจิเดสุ

数 ตัวเลข ๑

日本語	ローマ字/カナ読み	タイ語	
□1	nɯ̀ŋ ヌン	หนึ่ง	[๑]
□2	sɔ̌ɔŋ ソーン	สอง	[๒]
□3	sǎam サーム	สาม	[๓]
□4	sìi シー	สี่	[๔]
□5	hâa ハー	ห้า	[๕]
□6	hòk ホック	หก	[๖]
□7	cèt チェット	เจ็ด	[๗]
□8	pɛ̀ɛt ペート	แปด	[๘]
□9	kâau カーオ	เก้า	[๙]
□10	sìp シップ	สิบ	[๑๐]
□11	sìp èt シップ エット	สิบเอ็ด	[๑๑]
□12	sìp sɔ̌ɔŋ シップ ソーン	สิบสอง	[๑๒]
□13	sìp sǎam シップ サーム	สิบสาม	[๑๓]
□14	sìp sìi シップ シー	สิบสี่	[๑๔]
□15	sìp hâa シップ ハー	สิบห้า	[๑๕]
□16	sìp hòk シップ ホック	สิบหก	[๑๖]
□17	sìp cèt シップ チェット	สิบเจ็ด	[๑๗]
□18	sìp pɛ̀ɛt シップ ペート	สิบแปด	[๑๘]
□19	sìp kâau シップ カーオ	สิบเก้า	[๑๙]
□20	yîi sìp イー シップ	ยี่สิบ	[๒๐]

ภาษาญี่ปุ่น (タイ人用)	
อิจิ	いち
นิ	に
ซัง	さん
ยง, ชิ	よん、し
โกะ	ご
โรคุ	ろく
นะนะ, ชิจิ	なな、しち
ฮะจิ	はち
คิว, คุ	きゅう、く
จู,โต	じゅう、とう
จู อิจิ	じゅういち
จู นิ	じゅうに
จู ซัง	じゅうさん
จู ชิ	じゅうし
จู โกะ	じゅうご
จู โรคุ	じゅうろく
จู ชิจิ	じゅうしち
จู ฮะจิ	じゅうはち
จู คุ	じゅうく
นิ จู	にじゅう

文章でも覚えよう！

タイでは 9 が縁起(えんぎ)の良(よ)い数(かず)です。

เลข 9 เป็นเลขดีของไทย (K)

レーク カーオ ペン レーク ディー コーン タイ (K)

lêek kâau pen lêek dii khɔ̌ɔŋ thai (k)

ไทเดวะคิวกะเอนกิโนะโยยคาซุเดสุ

私(わたし)は 20 歳(にじゅっさい)です。

ผม / ดิฉันอายุ 20 ปี (K)

ポム / ディチャン アーユ イーシップ ピー (K)

phǒm / dichán aayú yîisìp pii (k)

วาตาชิวะนิจุตไซเดสุ

1(いち) バーツは約(やく) 3(さん) 円(えん)です。

1 บาทประมาณ 3 เยน (K)

ヌン バート プラマーン サーム イェーン (K)

nʉ̀ŋ bàat pràmaan sǎam yeen (k)

อิจิบาซุวะยาคุซานเอนเดสุ

タイには 5(ご) 回(かい)来(き)た事(こと)があります。

เคยมาไทย 5 ครั้ง (K)

クーイ マー タイ ハー クラン (K)

khəəy maa thai hâa khráŋ (k)

ไทนิวะโกไคคิทาโคโตกะอะริมัสสุ

大きな数 ตัวเลข ๒

日本語	ローマ字/カナ読み	タイ語	
□ 21	yîi sìp èt イー シップ エット	ยี่สิบเอ็ด	[๒๑]
□ 30	sǎam sìp サーム シップ	สามสิบ	[๓๐]
□ 40	sìi sìp シー シップ	สี่สิบ	[๔๐]
□ 50	hâa sìp ハー シップ	ห้าสิบ	[๕๐]
□ 60	hòk sìp ホック シップ	หกสิบ	[๖๐]
□ 70	cèt sìp チェット シップ	เจ็ดสิบ	[๗๐]
□ 80	pɛ̀ɛt sìp ペート シップ	แปดสิบ	[๘๐]
□ 90	kâau sìp カーオ シップ	เก้าสิบ	[๙๐]
□ 99	kâau sìp kâau カーオ シップ カーオ	เก้าสิบเก้า	[๙๙]
□ 100	nɯ̀ŋ rɔ́ɔy ヌン ローイ	หนึ่งร้อย	[๑๐๐]
□ 101	nɯ̀ŋ rɔ́ɔy èt ヌン ローイ エット	หนึ่งร้อยเอ็ด	[๑๐๑]
□ ～千	～ phan ～ パン	～ พัน	
□ ～万	～ mɯ̀ɯn ～ ムーン	～ หมื่น	
□ 十万	nɯ̀ŋ sɛ̌ɛn ヌン セーン	หนึ่งแสน	
□ 百万	nɯ̀ŋ láan ヌン ラーン	หนึ่งล้าน	
□ 千万	sìp láan シップ ラーン	สิบล้าน	
□ 億	rɔ́ɔy láan ローイ ラーン	ร้อยล้าน	
□ 兆	láan láan ラーン ラーン	ล้านล้าน	
□ ゼロ	sǔun スーン	ศูนย์	[๐]
□ 2546	sɔ̌ɔŋ phan hâa rɔ́ɔy sìi sìp hòk ソーン パン ハー ローイ シー シップ ホック	สองพันห้าร้อยสี่สิบหก	[๒๕๔๖]

ภาษาญี่ปุ่น (タイ人用)
นิจู อิจิ にじゅういち
ซันจู さんじゅう
ยนจู よんじゅう
โกะจู ごじゅう
โรคุจู ろくじゅう
นะนะจู ななじゅう
ฮาจิจู はちじゅう
คิวจู きゅうじゅう
คิวจู คิว きゅうじゅうきゅう
เฮียคุ ひゃく
เฮียคุ อิจิ ひゃくいち
~ เซ็น ~ せん
~ มัง ~ まん
จูมัง じゅうまん
เฮียคุ มัง ひゃくまん
เซ็น มัง せんまん
โอคุ おく
โช ちょう
เซโระ ぜろ
นิเซ็น โกะเฮียคุ ยนจู โรคุ にせんごひゃくよんじゅうろく

文章でも覚えよう!

タクシーの初乗り(はつの)は３５(さんじゅうご)バーツです。

แท็กซี่มิเตอร์เริ่มต้นที่ 35 บาท (K)
テックシー ミトゥー ルーム トン ティー サームシップハー バート (K)
thɛ́ksîi mítəə rə̂əm tôn thîi sǎamsìphâa bàat (k)
ทาคุชีโนะฮาซึโนริวะซานจูโกะบาซึเดสุ

私(わたし)の母(はは)は５３(ごじゅうさん)歳(さい)です。

แม่ของผม / ดิฉันอายุ 53 ปี (K)
メー コーン ポム / ディチャン アーユ ハーシップサーム ピー (K)
mɛ̂ɛ khɔ̌ɔŋ phǒm / dichán aayú hâasìpsǎam pii (k)
วาตาชิโนะฮาฮะวะโกจูซานไซเดสุ

この携帯電話(けいたいでんわ)は１万(いちまん)バーツしました。

มือถือนี้ราคา 1 หมื่นบาท (K)
ムートゥー ニー ラーカー ヌンムーン バート (K)
mɯɯthɯ̌ɯ níi raakhaa nɯ̀ŋmɯ̀ɯn bàat (k)
โคโนะเคไตเดนวะวะอิจิมันบาซึชิมาชิตะ

日本(にほん)の缶(かん)ジュースは１２０(ひゃくにじゅう)円(えん)です。

น้ำกระป๋องของญี่ปุ่นราคา 120 เยน (K)
ナム クラポン コーン イープン ラーカー ヌンローイイーシップ イェーン (K)
nám kràpɔ̌ŋ khɔ̌ɔŋ yîipùn raakhaa nɯ̀ŋrɔ́ɔyyîisìp yeen (k)
นิฮนโนะคันจูสุวะเฮียคุนิจูเอนเดสุ

MP3-19

数と量 จำนวนและน้ำหนัก

日本語	ローマ字/カナ読み	タイ語
□ 大きい	yài ヤイ	ใหญ่
□ 小さい	lék レック	เล็ก
□ 高い	sǔuŋ スーン	สูง
□ 低い	tîia ティーア	เตี้ย
□ 長い	yaaw ヤーウ	ยาว
□ 短い	sân サン	สั้น
□ 広い	kwâaŋ クワーン	กว้าง
□ 狭い	khɛ̂ɛp ケープ	แคบ
□ 多い	mâak マーク	มาก
□ 少ない	nɔ́ɔy ノーイ	น้อย
□ 太い	ûan ウアン	อ้วน
□ 細い	phɔ̌ɔm ポーム	ผอม
□ 厚い	nǎa ナー	หนา
□ 薄い	baaŋ バーン	บาง
□ 重い	nàk ナック	หนัก
□ 軽い	bau バオ	เบา
□ いくつ?	kìi キー	กี่
□ いくら?	thâurai タオライ	เท่าไร
□ 何時?	kìi mooŋ キー モーン	กี่โมง
□ 何時間?	kìi chûa mooŋ キー チュア モーン	กี่ชั่วโมง

ภาษาญี่ปุ่น（タイ人用）
โอกี おおきい
จีไซ ちいさい
ทาไค たかい
ฮิคุย ひくい
นาไก ながい
มิจิไค みじかい
ฮิโรย ひろい
เซไม せまい
โอย おおい
ซุคุไน すくない
ฟุโตย ふとい
โฮโซย ほそい
อะซึย あつい
อุซุย うすい
โอโมย おもい
คารุย かるい
อิคุซึ いくつ
อิคุระ いくら
นันจิ なんじ
นันจิคัน なんじかん

文章でも覚えよう！

バンコクは大(おお)きな街(まち)です。

กรุงเทพเป็นเมืองใหญ่ (K)

クルンテープ　ペン　ムーアン　ヤイ (K)

kruŋthêep pen mɯɯaŋ yài (k)

บันโคคุวะโอคินะมาจิเดสุ

彼(かれ)は背(せ)が高(たか)い。

เขาสูง (K)

カオ　スーン (K)

khǎu sǔuŋ (k)

คาเระวะเซกะทาไค

観光客(かんこうきゃく)が多(おお)い。

นักท่องเที่ยวมาก (K)

ナック　トーン　ティーアウ　マーク (K)

nák thɔ̂ɔŋ thîiaw mâak (k)

คันโคเคียคุกะโอย

バンコクまで何時間(なんじかん)かかりますか？

ถึงกรุงเทพใช้เวลาเท่าไร (K)

トゥン　クルンテープ　チャイ　ウェーラー　タオライ (K)

thɯ̌ŋ kruŋthêep chái weelaa thâurài (k)

บันโคคุมาเดะนันจิคันคาคาริมัสสุกะ

時刻 นับเวลา

日本語	ローマ字/カナ読み	タイ語
□ 午後 6 時	hòk mooŋ yen ホック モーン イェン	หกโมงเย็น
□ 午後 7 時	nɯ̀ŋ thûm ヌン トゥム	หนึ่งทุ่ม
□ 午後 8 時	sɔ̌ɔŋ thûm ソーン トゥム	สองทุ่ม
□ 午後 9 時	sǎam thûm サーム トゥム	สามทุ่ม
□ 午後 10 時	sìi thûm シー トゥム	สี่ทุ่ม
□ 午後 11 時	hâa thûm ハー トゥム	ห้าทุ่ม
□ 午前 0 時	thîiaŋ khɯɯn ティーアン クーン	เที่ยงคืน
□ 午前 1 時	tii nɯ̀ŋ ティー ヌン	ตีหนึ่ง
□ 午前 2 時	tii sɔ̌ɔŋ ティー ソーン	ตีสอง
□ 午前 5 時	tii hâa ティー ハー	ตีห้า
□ 午前 6 時	hòk mooŋ cháau ホック モーン チャーオ	หกโมงเช้า
□ 午前 7 時	cèt mooŋ cháau チェット モーン チャーオ	เจ็ดโมงเช้า
□ 午前 10 時	sìp mooŋ (cháau) シップ モーン (チャーオ)	สิบโมง(เช้า)
□ 午前 11 時	sìp èt mooŋ (cháau) シップ エット モーン (チャーオ)	สิบเอ็ดโมง(เช้า)
□ 正午	thîiaŋ ティーアン	เที่ยง
□ 午後 1 時	bàay mooŋ バーイ モーン	บ่ายโมง
□ 午後 2 時	bàay sɔ̌ɔŋ mooŋ バーイ ソーン モーン	บ่ายสองโมง
□ 午後 3 時	bàay sǎam mooŋ バーイ サーム モーン	บ่ายสามโมง
□ 午後 4 時	sìi mooŋ yen シー モーン イェン	สี่โมงเย็น
□ 午後 5 時	hâa mooŋ yen ハー モーン イェン	ห้าโมงเย็น

※ P.189に「時刻の表現一覧表」があります、併せて参考にしてください。

จำนวน เวลา

ภาษาญี่ปุ่น (タイ人用)
โกะโกะ โรคุจิ ごごろくじ
โกะโกะ ชิจิจิ ごごしちじ
โกะโกะ ฮาจิจิ ごごはちじ
โกะโกะ คุจิ ごごくじ
โกะโกะ จูจิ ごごじゅうじ
โกะโกะ จู อิจิจิ ごごじゅういちじ
โกะเซ็น เรจิ ごぜんれいじ
โกะเซ็น อิจิจิ ごぜんいちじ
โกะเซ็น นิจิ ごぜんにじ
โกะเซ็น โกะจิ ごぜんごじ
โกะเซ็น โรคุจิ ごぜんろくじ
โกะเซ็น ชิจิจิ ごぜんしちじ
โกะเซ็น จูจิ ごぜんじゅうじ
โกะเซ็น จู อิจิจิ ごぜんじゅういちじ
โชโกะ しょうご
โกะโกะ อิจิจิ ごごいちじ
โกะโกะ นิจิ ごごにじ
โกะโกะ ซันจิ ごごさんじ
โกะโกะ โยะจิ ごごよじ
โกะโกะ โกะจิ ごごごじ

文章でも覚えよう！

今（いま）、何時（なんじ）ですか？

ตอนนี้กี่โมง (K)

トーン　ニー　キー　モーン (K)

tɔɔn níi kìi mooŋ (k)

อิมะนันจิเดสุกะ

今（いま）、午後（ごご）10 時（じゅうじ）です。

ตอนนี้ 4 ทุ่ม (K)

トーン　ニー　シー　トゥム (K)

tɔɔn níi sìi thûm (k)

อิมะโกโกะจูจิเดสุ

午前（ごぜん）8 時（はちじ）に国歌（こっか）が流（なが）れます。

ตอน 8 โมงเช้าจะมีเพลงชาติ (K)

トーン ペート モーンチャーオ チャ ミー プレーン チャート (K)

tɔɔn pɛ̀ɛt mooŋcháau cà mii phleeŋ châat (k)

โกะเซ็นฮาชิจินิคกคะกะนากาเระมัสสุ

午後（ごご）6 時（ろくじ）にも国歌（こっか）が流（なが）れます。

ตอน 6 โมงเย็นก็จะมีเพลงชาติ (K)

トーン ホック モーンイェン コー チャ ミー プレーン チャート (K)

tɔɔn hòk mooŋyen kɔ̂ɔ cà mii phleeŋ châat (k)

โกโกะโรคุจินิโมะคกคะกะนากาเระมัสสุ

จำนวน เวลา

時間の表現 คำแสดงเวลา

日本語	ローマ字/カナ読み	タイ語
□ 時間	chûa mooŋ チュア モーン	ชั่วโมง
□ 秒	wí naathii ウィ ナーティー	วินาที
□ 分	naathii ナーティー	นาที
□ 時	mooŋ モーン	โมง
□ 朝	cháau チャーオ	เช้า
□ 昼	klaaŋ wan クラーン ワン	กลางวัน
□ 夕方	yen イエン	เย็น
□ 夜	klaaŋ khɯɯn クラーン クーン	กลางคืน
□ 深夜	klaaŋ dɯ̀k クラーン ドゥック	กลางดึก
□ 午前	cháau チャーオ	เช้า
□ 午後	bàay バーイ	บ่าย
□ 今	tɔɔn níi トーン ニー	ตอนนี้
□ さっき	mɯ̂ɯa sàkkhrûu ムーア サッククルー	เมื่อสักครู่
□ すぐ	dǐiaw ディーアウ	เดี๋ยว
□ すでに（完了）	lɛ́ɛw レーウ	แล้ว
□ まだ	yaŋ ヤン	ยัง
□ 早い（時間）	cháau チャーオ	เช้า
□ 速い（速度）	rew レウ	เร็ว
□ 遅い	cháa チャー	ช้า
□ ゆっくり	cháa cháa チャー チャー	ช้าๆ

ภาษาญี่ปุ่น (タイ人用)

จิคัน
じかん

เบียว
びょう

ฟุน
ふん

จิ
じ

อะซะ
あさ

ฮิรุ
ひる

ยูกะตะ
ゆうがた

โยรุ
よる

ชินยะ
しんや

โกะเซ็น
ごぜん

โกะโกะ
ごご

อิมะ
いま

ซัคคิ
さっき

ซุกุ
すぐ

ซุเดนิ
すでに

มาดะ
まだ

ฮะไย
はやい

ฮะไย
はやい

โอโซย
おそい

ยุคคุริ
ゆっくり

文章でも覚えよう！

5分30秒です。

5 นาที 30 วินาที (K)

ハー　ナーティー　サームシップ　ウィナーティー (K)

hâa naathii sǎamsìp wínaathii (k)

โกฟุนซานจูเบียวเดสุ

さっき、ご飯を食べました。

เมื่อสักครู่กินข้าวแล้ว (K)

ムーアサッククルー　キン　カーウ　レーウ (K)

mûwasàkkhrûu kin khâaw lɛ́ɛw (k)

ซัคคิโกฮันโวะทาเบะมะชิตะ

まだ、食べていません。

ยังไม่ได้กิน (K)

ヤン　マイ　ダイ　キン (K)

yaŋ mâi dâi kin (k)

มาดะทาเบะเตะอิมะเซน

もっとゆっくり話して下さい。

กรุณาพูดช้าๆกว่านี้ (K)

カルナー　プート　チャーチャー　クワー　ニー (K)

karunaa phûut cháacháa kwàa níi (k)

โมตโตะยุคคุริฮานะชิเตะคุดาไซ

期間 ช่วงเวลา ๑

日本語	ローマ字/カナ読み	タイ語
□ 5 分間	hâa naathii ハー ナーティー	ห้านาที
□ 30 分間	sǎamsìp naathii サームシップ ナーティー	สามสิบนาที
□ 1 時間半	nʉ̀ŋ chûamooŋ khrʉ̂ŋ ヌン チュアモーン クルン	หนึ่งชั่วโมงครึ่ง
□ 6 時間後	ìik hòk chûamooŋ イーク ホック チュアモーン	อีกหกชั่วโมง
□ 半日	khrʉ̂ŋ wan クルン ワン	ครึ่งวัน
□ 一日中	tháŋ wan タン ワン	ทั้งวัน
□ 一晩中	tháŋ khʉʉn タン クーン	ทั้งคืน
□ 7 日間	cèt wan チェット ワン	เจ็ดวัน
□ 2 週間	sɔ̌ɔŋ aathít ソーン アーティット	สองอาทิตย์
□ 3 週間後	ìik sǎam aathít イーク サーム アーティット	อีกสามอาทิตย์
□ 半月	khrʉ̂ŋ dʉan クルン ドゥーアン	ครึ่งเดือน
□ 7 ヵ月後	ìik cèt dʉan イーク チェット ドゥーアン	อีกเจ็ดเดือน
□ 半年間	khrʉ̂ŋ pii クルン ピー	ครึ่งปี
□ 9 年間	kâau pii カーオ ピー	เก้าปี
□ 10 年後	ìik sìp pii イーク シップ ピー	อีกสิบปี
□ ～時から	tâŋtɛ̀ɛ ～ mooŋ タンテー ～ モーン	ตั้งแต่ ～ โมง
□ ～時まで	thʉ̌ŋ ～ mooŋ トゥン ～ モーン	ถึง ～ โมง
□ しばらく	sàkkhrûu サッククルー	สักครู่
□ ずっと	talɔ̀ɔt タロート	ตลอด
□ 永遠に	talɔ̀ɔt pai タロート パイ	ตลอดไป

ภาษาญี่ปุ่น (タイ人用)
โกะ ฟุนคัน ごふんかん
ซันจุบปุนคัน さんじゅっぷんかん
อิจิจิคัน ฮัง いちじかんはん
โรคุ จิคัน โกะ ろくじかんご
ฮัง นิจิ はんにち
อิจิ นิจิ จู いちにちじゅう
ฮิโต บัง จู ひとばんじゅう
นะโนะคะคัน なのかかん
นิ ชูคัน にしゅうかん
ซัน ชูคัน โกะ さんしゅうかんご
ฮังซึคิ はんつき
นะนะ คะเกซึ โกะ ななかげつご
ฮันโตชิคัน はんとしかん
คิว เน็นคัน きゅうねんかん
จู เน็น โกะ じゅうねんご
~ จิคาระ ~じから
~ จิมาเดะ ~じまで
ชิบาราคุ しばらく
ซุตโตะ ずっと
เอเอ็น นิ えいえんに

文章でも覚えよう!

一時間後(いちじかんご)に会(あ)いましょう。

อีก 1 ชั่วโมงเจอกันใหม่ (K)

イーク　ヌン　チュアモーン　チュー　カン　マイ (K)

ìik nʉ̀ŋ chûamooŋ cəə kan mài (k)

อิจิจิคันโกนิไอมาโช

バンコクまで 30 分(さんじゅっぷん)かかります。

ใช้เวลา 30 นาทีถึงกรุงเทพ (K)

チャイ　ウェーラー　サームシップ　ナーティー　トゥン　クルンテープ (K)

chái weelaa sǎamsìp naathii thʉ̌ŋ kruŋthêep (k)

บันโคคุมะเดะซังจูปปุนคาคาริมัสสุ

しばらくバンコクにいます。

จะอยู่กรุงเทพซักพัก (K)

チャ　ユー　クルンテープ　サックパック (K)

cà yùu kruŋthêep sákphák (k)

ชิบะระคุบันโคคุนิอิมัสสุ

ずっとタイで暮(く)らします。

อยู่เมืองไทยตลอด (K)

ユー　ムーアン　タイ　タロート (K)

yùu mʉʉaŋ thai talɔ̀ɔt (k)

ซุตโตะไทเดะคุระชิมัสสุ

時と頻度 ช่วงเวลา ๒

日本語	ローマ字/カナ読み	タイ語
□ 現在	pàtcùban パットチュバン	ปัจจุบัน
□ 過去	adìit アディート	อดีต
□ 昔	samǎy kɔ̀ɔn サマイ コーン	สมัยก่อน
□ 未来	anaakhót アナーコット	อนาคต
□ 将来	anaakhót アナーコット	อนาคต
□ 今後	càak níi チャーク ニー	จากนี้
□ すぐ	than thii タン ティー	ทันที
□ 今すぐに	dǐiaw níi ディーアウ ニー	เดี๋ยวนี้
□ 後で（時間）	dǐiaw kɔ̀ɔn ディーアウ コーン	เดี๋ยวก่อน
□ 後で（順番）	thii lǎŋ ティー ラン	ทีหลัง
□ 再び	ìik khráŋ イーク クラン	อีกครั้ง
□ 度々	bɔ̀y bɔ̀y ボイ ボイ	บ่อยๆ
□ 時々	baaŋ khráŋ バーン クラン	บางครั้ง
□ 先ず	kɔ̀ɔn コーン	ก่อน
□ 滅多に〜ない	mâi khɔ̂y ~ ləəy マイ コイ 〜 ルーイ	ไม่ค่อย ~ เลย
□ この前	wan kɔ̀ɔn ワン コーン	วันก่อน
□ 以前	mɯ̂ɯa kɔ̀ɔn ムーア コーン	เมื่อก่อน
□ 予め	triiam wái トゥリーアム ワイ	เตรียมไว้
□ 先に	kɔ̀ɔn コーン	ก่อน
□ 突然	kathanhǎn カタンハン	กะทันหัน

ภาษาญี่ปุ่น (タイ人用)

เก็นไซ
げんざい

คาโคะ
かこ

มุคาชิ
むかし

มิไร
みらい

โชไร
しょうらい

คนโกะ
こんご

ซุกุ
すぐ

อิมะซุกุ นิ
いますぐに

อะโตะเดะ
あとで

อะโตะเดะ
あとで

ฟุตาตาบิ
ふたたび

ทาบิทาบิ
たびたび

โตคิโดคิ
ときどき

มาซุ
まず

เมตตานิ ~ ไน
めったに ~ ない

โคโนมาเอะ
このまえ

อิเซ็น
いぜん

อะระคะจิเมะ
あらかじめ

ซะคินิ
さきに

โตะซึเซ็น
とつぜん

文章でも覚えよう!

現在(げんざい)、学生(がくせい)ですか?

ปัจจุบันเป็นนักเรียนใช่ไหม (K)

パットチュバン　ペン　ナックリーアン　チャイ　マイ (K)

pàtcùban pen nákriian châi mái (k)

เกนไซคาคุเซเดสุกะ

将来(しょうらい)の夢(ゆめ)は何(なん)ですか?

ความฝันในอนาคตคืออะไร (K)

クワーム　ファン　ナイ　アナーコット　クー　アライ (K)

khwaam fǎn nai anaakhót khɯɯ arai (k)

โชไรโนะยูเมะวะนันเดสุกะ

今(いま)すぐに会(あ)いたいです。

อยากเจอเดี๋ยวนี้ (K)

ヤーク　チュー　ディーアウ　ニー (K)

yàak cəə dǐiaw níi (k)

อิมาซุกุนิไอไตเดสุ

お先(さき)に失礼(しつれい)します。

ไปก่อนนะ (K)

パイ　コーン　ナ (K)

pai kɔ̀ɔn ná (k)

โอซากินิชิซึเรชิมัสสุ

MP3 -24

曜日・月 วัน เดือน

日本語	ローマ字/カナ読み	タイ語
□ 月曜日	wan can ワン チャン	วันจันทร์
□ 火曜日	wan aŋkhaan ワン アンカーン	วันอังคาร
□ 水曜日	wan phút ワン プット	วันพุธ
□ 木曜日	wan pharúhàt ワン パルハット	วันพฤหัส
□ 金曜日	wan sùk ワン スック	วันศุกร์
□ 土曜日	wan sǎu ワン サオ	วันเสาร์
□ 日曜日	wan aathít ワン アーティット	วันอาทิตย์
□ 正月	pii mài ピー マイ	ปีใหม่
□ 1 月	makaraakhom マカラーコム	มกราคม
□ 2 月	kumphaaphan クムパーパン	กุมภาพันธ์
□ 3 月	miinaakhom ミーナーコム	มีนาคม
□ 4 月	meesǎayon メーサーヨン	เมษายน
□ 5 月	phrúsaphaakhom プルサパーコム	พฤษภาคม
□ 6 月	míthunaayon ミトゥナーヨン	มิถุนายน
□ 7 月	karakadaakhom カラカダーコム	กรกฎาคม
□ 8 月	sǐŋhǎakhom シンハーコム	สิงหาคม
□ 9 月	kanyaayon カンヤーヨン	กันยายน
□ 10 月	tùlaakhom トゥラーコム	ตุลาคม
□ 11 月	phrúsacìkaayon プルサチカーヨン	พฤศจิกายน
□ 12 月	thanwaakhom タンワーコム	ธันวาคม

ภาษาญี่ปุ่น (タイ人用)
เกะซึ โยบิ げつようび
คะ โยบิ かようび
ซุย โยบิ すいようび
โมะคุ โยบิ もくようび
คิน โยบิ きんようび
โดะ โยบิ どようび
นิจิ โยบิ にちようび
โช กะซึ しょうがつ
อิจิ กะซึ いちがつ
นิ กะซึ にがつ
ซัง กะซึ さんがつ
ชิ กะซึ しがつ
โกะ กะซึ ごがつ
โรคุ กะซึ ろくがつ
ชิจิ กะซึ しちがつ
ฮะจิ กะซึ はちがつ
คุ กะซึ くがつ
จู กะซึ じゅうがつ
จู อิจิ กะซึ じゅういちがつ
จู นิ กะซึ じゅうにがつ

文章でも覚えよう！

月曜日(げつようび)に会(あ)いましょう。

เจอกันใหม่วันจันทร์ (K)

チュー　カン　マイ　ワン　チャン (K)

cəə kan mài wan can (k)

เกะซึโยบินิไอมาโช

何曜日(なんようび)が暇(ひま)ですか？

ว่างวันอะไร (K)

ワーン　ワン　アライ (K)

wâaŋ wan arai (k)

นันโยบิกะฮิมะเดสุกะ

日曜日(にちようび)が暇(ひま)です。

ว่างวันอาทิตย์ (K)

ワーン　ワン　アーティット (K)

wâaŋ wan aathít (k)

นิจิโยบิกะฮิมะเดสุ

タイ人(じん)は正月(しょうがつ)に故郷(こきょう)に帰(かえ)る人(ひと)が多(おお)い。

ปีใหม่คนไทยกลับบ้านเกิดกันมาก (K)

ピー マイ コン タイ クラップ バーン クート カン マーク (K)

pii mài khon thai klàp bâan kə̀ət kan mâak (k)

ไทจินวะโชกะซึนิโคเคียวนิคาเอะรุฮิโตกะโอย

季節・暦① ฤดูกาล ๑

日本語	ローマ字/カナ読み	タイ語
□春	rúduu baimái phlì ルドゥー バイマイ プリ	ฤดูใบไม้ผลิ
□夏	rúduu rɔ́ɔn ルドゥー ローン	ฤดูร้อน
□秋	rúduu baimái rûaŋ ルドゥー バイマイ ルアン	ฤดูใบไม้ร่วง
□冬	rúduu nǎaw ルドゥー ナーウ	ฤดูหนาว
□今日	wan níi ワン ニー	วันนี้
□昨日	mɯ̂ɯa waan níi ムーア ワーン ニー	เมื่อวานนี้
□一昨日	mɯ̂ɯa waan sɯɯn ムーア ワーン スーン	เมื่อวานซืน
□明日	phrûŋ níi プルン ニー	พรุ่งนี้
□明後日	marɯɯn níi マルーン ニー	มะรืนนี้
□毎日	thúk wan トゥック ワン	ทุกวัน
□休日	wan yùt ワン ユット	วันหยุด
□今週	aathít níi アーティット ニー	อาทิตย์นี้
□先週	aathít thîi lɛ́ɛw アーティット ティー レーウ	อาทิตย์ที่แล้ว
□先々週	sɔ̌ɔŋ aathít thîi lɛ́ɛw ソーン アーティット ティー レーウ	สองอาทิตย์ที่แล้ว
□来週	aathít nâa アーティット ナー	อาทิตย์หน้า
□再来週	ìik sɔ̌ɔŋ aathít イーク ソーン アーティット	อีกสองอาทิตย์
□週末	sùt sàppadaa スット サップパダー	สุดสัปดาห์
□祝祭日	wan yùt râatchakaan ワン ユット ラートチャカーン	วันหยุดราชการ
□誕生日	wan kə̀ət ワン クート	วันเกิด
□生年月日	wan dɯɯan pii kə̀ət ワン ドゥーアン ピー クート	วันเดือนปีเกิด

ภาษาญี่ปุ่น (タイ人用)
ฮารุ はる
นะซึ なつ
อะคิ あき
ฟุยุ ふゆ
เคียว きょう
คิโน きのう
โอโตโตย おととい
อะชิตะ あした
อะซัตเตะ あさって
ไมนิจิ まいにち
คิว จิซึ きゅうじつ
คน ชู こんしゅう
เซ็น ชู せんしゅう
เซ็นเซ็น ชู せんせんしゅう
ไร ชู らいしゅう
ซะไร ชู さらいしゅう
ชู มะซึ しゅうまつ
ชุคุ ไซ จิซึ しゅくさいじつ
ทันโจบิ たんじょうび
เซเน็นกับปิ せいねんがっぴ

文章でも覚えよう！

明日(あした)、タイに行(い)きます。

พรุ่งนี้จะไปไทย (K)
プルン　ニー　チャ　パイ　タイ (K)
phrûŋ níi cà pai thai (k)

อะชิตะไทนิอิคิมัสสุ

明後日(あさって)、休日(きゅうじつ)です。

มะรืนนี้วันหยุด (K)
マルーン　ニー　ワン　ユット (K)
márɯɯn níi wan yùt (k)

อาซัตเตะคิวจิซึเดสุ

誕生日(たんじょうび)は何月(なんがつ)ですか？

วันเกิดเดือนอะไร (K)
ワン　クート　ドゥーアン　アライ (K)
wan kə̀ət dɯɯan arai (k)

ทันโจบิวะนันกะซึเดสุกะ

9月9日(くがつここのか)生(う)まれです。

เกิดวันที่ 9 เดือนกันยายน (K)
クート　ワン　ティー　カーオ　ドゥーアン　カンヤーヨン (K)
kə̀ət wan thîi kâau dɯɯan kanyaayon (k)

คุกะซึโคโคโนกะอุมาเระเดสุ

暦② ฤดูกาล ๒

日本語	ローマ字/カナ読み	タイ語
□今月	dɯɯan níi ドゥーアン ニー	เดือนนี้
□先月	dɯɯan thîi lɛ́ɛw ドゥーアン ティー レーウ	เดือนที่แล้ว
□来月	dɯɯan nâa ドゥーアン ナー	เดือนหน้า
□月末	plaay dɯɯan プラーイ ドゥーアン	ปลายเดือน
□年	pii ピー	ปี
□今年	pii níi ピー ニー	ปีนี้
□去年	pii thîi lɛ́ɛw ピー ティー レーウ	ปีที่แล้ว
□一昨年	sɔ̌ɔŋ pii thîi lɛ́ɛw ソーン ピー ティー レーウ	สองปีที่แล้ว
□来年	pii nâa ピー ナー	ปีหน้า
□再来年	ìik sɔ̌ɔŋ pii イーク ソーン ピー	อีกสองปี
□年末	plaay pii プラーイ ピー	ปลายปี
□新年	pii mài ピー マイ	ปีใหม่
□毎年	thúk pii トゥック ピー	ทุกปี
□西暦	khɔɔ sɔ̌ɔ コー ソー	ค.ศ.
□仏暦	phɔɔ sɔ̌ɔ ポー ソー	พ.ศ.
□ソンクラーン	sǒŋkraan ソンクラーン	สงกรานต์
□ローイクラトーン	lɔɔykrathoŋ ローイクラトン	ลอยกระทง
□クリスマス	krítsamâat クリットサマート	คริสต์มาส
□大晦日	wan sîn pii ワン シン ピー	วันสิ้นปี
□誕生日	wan kə̀ət ワン クート	วันเกิด

ภาษาญี่ปุ่น (タイ人用)

ภาษาญี่ปุ่น (タイ人用)
คน เกซึ こんげつ
เซ็น เกซึ せんげつ
ไร เกซึ らいげつ
เกะซึ มะซึ げつまつ
โตชิ とし
โคโตะชิ ことし
เคียว เน็น きょねん
โอโตโตชิ おととし
ไรเน็น らいねん
ซาไร เน็น さらいねん
เน็น มะซึ ねんまつ
ชิน เน็น しんねん
ไม โตชิ まいとし
เซเรคิ せいれき
บุซึเรคิ ぶつれき
สง กุราน そんくらーん
โรอิกุระทง ろーいくらとーん
คุริซุมาซุ くりすます
โอมิโซคะ おおみそか
ทันโจบิ たんじょうび

文章でも覚えよう！

新年明けましておめでとうございます。

สวัสดีปีใหม่ (K)

サワット　ディー　ピー　マイ (K)

sawàt dii pii mài (k)

ชินเน็นอาเกะมาชิเตะโอเมเดโตโกไซมัสสุ

良いお年を。

สวัสดีปีใหม่ (K)

サワット　ディー　ピー　マイ (K)

sawàt dii pii mài (k)

โยยโอโตชิโวะ

ソンクラーンは 4 月です。

สงกรานต์ตรงกับเดือนเมษายน (K)

ソンクラーン　トロン　カップ　ドゥーアン　メーサーヨン (K)

sǒŋkraan troŋ kàp dɯɯan meesǎayon (k)

สงกุรานวะชิกะซึเดสุ

ローイクラトーンは 11 月です。

ลอยกระทงตรงกับเดือนพฤศจิกายน (K)

ローイクラトン　トロン　カップ　ドゥーアン　プルサチカーヨン (K)

lɔɔykrathoŋ troŋ kàp dɯɯan phrɯ́sacìkaayon (k)

โรอิกุระทงวะจูอิจิกะซึเดสุ

MP3-27

顔の各部 หน้า

日本語	ローマ字/カナ読み	タイ語
□ 顔	nâa ナー	หน้า
□ 頭	hǔua フーア	หัว
□ 脳	samɔ̌ɔŋ サモーン	สมอง
□ 額	nâa phàak ナー パーク	หน้าผาก
□ 目	taa ター	ตา
□ 眉毛	khíw キウ	คิ้ว
□ 睫毛	khǒn taa コン ター	ขนตา
□ 鼻	camùuk チャムーク	จมูก
□ 鼻毛	khǒn camùuk コン チャムーク	ขนจมูก
□ 口	pàak パーク	ปาก
□ 歯	fan ファン	ฟัน
□ 唇	rim fǐi pàak リム フィー パーク	ริมฝีปาก
□ 舌	lín リン	ลิ้น
□ 耳	hǔu フー	หู
□ ほお	kɛ̂ɛm ケーム	แก้ม
□ あご	khaaŋ カーン	คาง
□ のど	khɔɔ コー	คอ
□ ほくろ	fǎi ファイ	ไฝ
□ にきび	sǐw シウ	สิว
□ しわ	rɔɔy hìiaw yôn ローイ ヒーアウ ヨン	รอยเหี่ยวย่น

ภาษาญี่ปุ่น (タイ人用)
คาโอะ かお
อะตามะ あたま
โน のう
ฮิไต ひたい
เมะ め
มายุ เกะ まゆげ
มะซึ เกะ まつげ
ฮานะ はな
ฮานะ เกะ はなげ
คุจิ くち
ฮะ は
คุจิบิรุ くちびる
ชิตะ した
มิมิ みみ
โฮ ほお
อะโกะ あご
โนโดะ のど
โฮคุโระ ほくろ
นิคิบิ にきび
ชิวะ しわ

文章でも覚えよう！

あなたは頭(あたま)が良(よ)い。

คุณหัวดี (K)

クン　フーア　ディー (K)

khun hǔua dii (k)

อะนาตะวะอาทามากะโยย

彼女(かのじょ)は目(め)が大(おお)きい。

เขาตาโต (K)

カオ　ター　トー (K)

kháu taa too (k)

คาโนโจวะเมกาโอกี

私(わたし)は睫毛(まつげ)が長(なが)い。

ผม / ดิฉันขนตายาว (K)

ポム / ディチャン　コン　ター　ヤーウ (K)

phǒm / dichán khǒn taa yaaw (k)

วาตาชิวะมะซึเกะกะนาไก

あなたは鼻(はな)が高(たか)い。

คุณจมูกโด่ง (K)

クン　チャムーク　ドーン (K)

khun camùuk dòoŋ (k)

อะนาตะวะฮานากะทาไค

体の各部① ร่างกาย ๑

日本語	ローマ字/カナ読み	タイ語
□ 身体	râaŋ kaay ラーン カーイ	ร่างกาย
□ 上半身	râaŋ kaay sùan bon ラーン カーイ スアン ボン	ร่างกายส่วนบน
□ 首	khɔɔ コー	คอ
□ 肩	lài ライ	ไหล่
□ 胸	nâa òk ナー オック	หน้าอก
□ 乳房	nom ノム	นม
□ 背中	lăŋ ラン	หลัง
□ 腹	thɔ́ɔŋ トーン	ท้อง
□ へそ	sadɯɯ サドゥー	สะดือ
□ 腰	ew エウ	เอว
□ 腕	khɛ̆ɛn ケーン	แขน
□ 肘	khɔ̂ɔ sɔ̀ɔk コー ソーク	ข้อศอก
□ 手の平	fàa mɯɯ ファー ムー	ฝ่ามือ
□ 手首	khɔ̂ɔ mɯɯ コー ムー	ข้อมือ
□ 手	mɯɯ ムー	มือ
□ 指	níw ニウ	นิ้ว
□ 爪	lép レップ	เล็บ
□ 皮膚	phĭw ピウ	ผิว
□ 筋肉	klâam クラーム	กล้าม
□ 血	lɯ̂ɯat ルーアット	เลือด

ภาษาญี่ปุ่น (タイ人用)

คาราดะ
からだ

โจ ฮันชิน
じょうはんしん

คุบิ
くび

คะตะ
かた

มุเนะ
むね

ชิบุซะ
ちぶさ

เซนะขะ
せなか

ฮาระ
はら

เฮโซะ
へそ

โคชิ
こし

อุเดะ
うで

ฮิจิ
ひじ

เทโนฮิระ
てのひら

เทคุบิ
てくび

เทะ
て

ยุบิ
ゆび

ซึเมะ
つめ

ฮิฟุ
ひふ

คิน นิคุ
きんにく

ชิ
ち

文章でも覚えよう!

あなたは身体(からだ)が細(ほそ)い。

ร่างกายคุณผอม (K)

ラーン　カーイ　クン　ポーム (K)

râaŋ kaay khun phɔ̌ɔm (k)

อะนาตะวะคาราดะกะโฮโซย

彼(かれ)は腕(うで)が太(ふと)い。

แขนของเขาใหญ่ (K)

ケーン　コーン　カオ　ヤイ (K)

khɛ̌ɛn khɔ̌ɔŋ kháu yài (k)

คาเรวะอุเดกะฟุโทย

手(て)のひらに汗(あせ)をかく。

ฝ่ามือเหงื่อออก (K)

ファー　ムー　グーア　オーク (K)

fàa mɯɯ ŋɯ̀ɯa ɔ̀ɔk (k)

เทโนะฮิรานิอาเซโวะคาคุ

すぐ爪(つめ)が伸(の)びる。

เล็บยาวเร็ว (K)

レップ　ヤーウ　レウ (K)

lép yaaw rew (k)

ซุกุซึเมะกะโนบิรุ

体の各部② ร่างกาย ๒

日本語	ローマ字/カナ読み	タイ語
□ 下半身	râaŋ kaay sùan lâaŋ ラーン カーイ スアン ラーン	ร่างกายส่วนล่าง
□ 尻	kôn コン	ก้น
□ 足	khǎa カー	ขา
□ 膝	hǔua khàu フーア カオ	หัวเข่า
□ ふくらはぎ	nɔ̂ŋ ノン	น่อง
□ もも	tôn khǎa トン カー	ต้นขา
□ すね	nâa khɛ̂ŋ ナー ケン	หน้าแข้ง
□ かかと	sôn tháau ソン ターオ	ส้นเท้า
□ 足首	khɔ̂ɔ tháau コー ターオ	ข้อเท้า
□ くるぶし	taa tùm ター トゥム	ตาตุ่ม
□ 足の裏	fàa tháau ファー ターオ	ฝ่าเท้า
□ 脳	samɔ̌ɔŋ サモーン	สมอง
□ 内臓	khrûɯaŋ nai クルーアン ナイ	เครื่องใน
□ 心臓	hǔua cai フーア チャイ	หัวใจ
□ 肺	pɔ̀ɔt ポート	ปอด
□ 肝臓	tàp タップ	ตับ
□ 胃	kraphɔ́ クラポ	กระเพาะ
□ 腎臓	tai タイ	ไต
□ 腸	lam sâi ラム サイ	ลำไส้
□ 骨	kradùuk クラドゥーク	กระดูก

ภาษาญี่ปุ่น (タイ人用)
คะ ฮันชิน かはんしん
ชิริ しり
อะชิ あし
ฮิซะ ひざ
ฟุคุระฮะกิ ふくらはぎ
โมโมะ もも
ซุเนะ すね
คาคาโตะ かかと
อะชิ คุบิ あしくび
คุรุบุชิ くるぶし
อะชิโนะ อุระ あしのうら
โน のう
ไนโซ ないぞう
ชินโซ しんぞう
ไฮ はい
คันโซ かんぞう
อิ い
จินโซ じんぞう
โจ ちょう
โฮเนะ ほね

文章でも覚えよう！

ひざが痛い。

เจ็บหัวเข่า (K)

チェップ　フーア　カオ (K)

cèp hǔua khàu (k)

ฮิซากะอิไท

足首をひねりました。

ข้อเท้าพลิก (K)

コー　ターオ　プリック (K)

khɔ̂ɔ tháau phlík (k)

อาชิคุบิโวะฮิเนริมาชิตะ

胃の調子が良い。
い　ちょうし　よ

สภาพกระเพาะดี (K)

サパープ　クラポ　ディー (K)

saphâap kraphɔ́ dii (k)

อิโนะโจชิกะโยย

私の骨は丈夫です。
わたし　ほね　じょうぶ

กระดูกของผม / ดิฉันแข็งแรง (K)

クラドゥーク　コーン　ポム / ディチャン　ケン　レーン (K)

kradùuk khɔ̌ɔŋ phǒm / dichán khɛ̌ŋ rɛɛŋ (k)

วาตาชิโนะโฮเนวะโจบุเดสุ

体の様子 อวัยวะในร่างกาย

日本語	ローマ字/カナ読み	タイ語
□ 身長	khwaam sǔuŋ クワーム スーン	ความสูง
□ 背が高い	sǔuŋ スーン	สูง
□ 背が低い	tîia ティーア	เตี้ย
□ 体重	nám nàk ナム ナック	น้ำหนัก
□ 太っている	ûan ウアン	อ้วน
□ 痩せている	phɔ̌ɔm ポーム	ผอม
□ 脂肪	khǎi man カイ マン	ไขมัน
□ スタイルが良い	hùn dii フン ディー	หุ่นดี
□ 体格が良い	thêe テー	เท่
□ 髪型	soŋ phǒm ソン ポム	ทรงผม
□ 男らしい	sǒm chaay (sǒmthîi pen chaay) ソム チャーイ（ソムティー ペン チャーイ）	สมชาย (สมที่เป็นชาย)
□ 女らしい	sǒm yǐŋ (sǒmthîi pen yǐŋ) ソム イン（ソムティー ペンイン）	สมหญิง (สมที่เป็นหญิง)
□ 美しい	sǔay スアイ	สวย
□ かわいい	nâa rák ナー ラック	น่ารัก
□ ハンサムな	lɔ̀ɔ ロー	หล่อ
□ 醜い	nâa klìiat ナー クリーアット	น่าเกลียด
□ 健康	sùkkaphâap dii スックカパープ ディー	สุขภาพดี
□ 疲れる	nɯ̀ay ヌーアイ	เหนื่อย
□ 一重まぶた	taa chán diiaw ター チャン ディーアウ	ตาชั้นเดียว
□ 二重まぶた	taa sɔ̌ɔŋ chán ター ソーン チャン	ตาสองชั้น

ภาษาญี่ปุ่น (タイ人用)

ชินโจ
しんちょう

เซกะ ทาไค
せがたかい

เซกะ ฮิคุย
せがひくい

ไทจู
たいじゅう

ฟุต๊ดเตะ อิรุ
ふとっている

ยาเซเตะ อิรุ
やせている

ชิโบ
しぼう

ซุไตรุกะ โยย
すたいるがよい

ไทคาคุกะ โยย
たいかくがよい

คามิกะตะ
かみがた

โอโตโกะ ราชี
おとこらしい

อนนะ ราชี
おんならしい

อุซึคุชี
うつくしい

คาวาอี
かわいい

ฮันซามุนะ
はんさむな

มินิคุย
みにくい

เคงโค
けんこう

ซึคาเรรุ
つかれる

ฮิโตเอะ มาบุตะ
ひとえまぶた

ฟุตาเอะ มาบุตะ
ふたえまぶた

文章でも覚えよう！

身長（しんちょう）はいくつですか？

ส่วนสูงเท่าไร (K)

スーアン　スーン　タオライ (K)

sùuan sǔuŋ thâurài (k)

ชินโจวะอิคุซึเดสุกะ

1 7 5 cm（ひゃくななじゅうご せんち）です。

175 เซนติเมตร (K)

ヌンローイチェットシップハー　センティメート (K)

nùŋrɔ́ɔycètsìphâa centiméet (k)

เฮียคุนะนะจูโกเซนจิเดสุ

体重（たいじゅう）が5kg（ごきろ）増（ふ）えた。

น้ำหนักเพิ่ม 5 กิโล (K)

ナム　ナック　プーム　ハー　キロー (K)

nám nàk phôəm hâa kìloo (k)

ไทจูกะโกคิโรฟุเอตะ

今日（きょう）はとても疲（つか）れた。

วันนี้เหนื่อยมาก (K)

ワン　ニー　ヌーアイ　マーク (K)

wan níi nùuay mâak (k)

เคียววะโตเตโมะซึคาเรตะ

MP3-31

基本的な動作① กริยา ๑

日本語	ローマ字/カナ読み	タイ語
□ 行く	pai パイ	ไป
□ 帰る	klàp クラップ	กลับ
□ 来る	maa マー	มา
□ 歩く	dəən ドゥーン	เดิน
□ 走る	wîŋ ウィン	วิ่ง
□ 見る	duu ドゥー	ดู
□ 見える	hěn ヘン	เห็น
□ 聞く	faŋ ファン	ฟัง
□ 聞こえる	dâi yin ダイ イン	ได้ยิน
□ 会う	cəə チュー	เจอ
□ 話す	phûut プート	พูด
□ 読む	àan アーン	อ่าน
□ 書く	khĭian キーアン	เขียน
□ 遊ぶ	lên レン	เล่น
□ 待つ	rɔɔ ロー	รอ
□ 立つ	yɯɯn ユーン	ยืน
□ 座る	nâŋ ナン	นั่ง
□ 笑う	hŭuarɔ́ フーアロ	หัวเราะ
□ 怒る	kròot クロート	โกรธ
□ 泣く	rɔ́ɔŋ hâi ローン ハイ	ร้องไห้

ภาษาญี่ปุ่น (タイ人用)
อิคุ いく
คาเอรุ かえる
คุรุ くる
อะรุคุ あるく
ฮาชิรุ はしる
มิรุ みる
มิเอรุ みえる
คิคุ きく
คิโคเอรุ きこえる
อะอุ あう
ฮานาซุ はなす
โยมุ よむ
คาคุ かく
อะโซบุ あそぶ
มะซึ まつ
ทะซึ たつ
ซุวารุ すわる
วาราอุ わらう
โอโครุ おこる
นะคุ なく

文章でも覚えよう!

どこに行(い)きますか?

ไปที่ไหน (K)
パイ　ティー　ナイ (K)
pai thîi nǎi (k)
โดโคะนิอิคิมัสสุกะ

私(わたし)は家(いえ)に帰(かえ)ります。

ผม / ดิฉันกลับบ้าน (K)
ポム / ディチャン　クラップ　バーン (K)
phǒm / dichán klàp bâan (k)
วาตาชิวะอิเอะนิคาเอริมัสสุ

友達(ともだち)に会(あ)いに行(い)く。

ไปหาเพื่อน (K)
パイ　ハー　プーアン (K)
pai hǎa phɯ̂an (k)
โตโมดาจินิไอนิอิคุ

座(すわ)って下(くだ)さい。

เชิญนั่ง (K)
チューン　ナン (K)
chəən nâŋ (k)
ซุวัตเตะคุดาไซ

基本的な動作② กริยา ๒

日本語	ローマ字/カナ読み	タイ語
□ 起きる	tɯ̀ɯn トゥーン	ตื่น
□ 寝る	nɔɔn ノーン	นอน
□ 触る	càp チャップ	จับ
□ 取る	yìp イップ	หยิบ
□ 置く	waaŋ ワーン	วาง
□ 拾う	kèp ケップ	เก็บ
□ 捨てる	thíŋ ティン	ทิ้ง
□ 運ぶ	khǒn コン	ขน
□ 押す	phlàk プラック	ผลัก
□ 引く	dɯŋ ドゥン	ดึง
□ 受ける	ráp ラップ	รับ
□ 出す	ɔ̀ɔk オーク	ออก
□ 指す	chíi チー	ชี้
□ つかむ	càp チャップ	จับ
□ 乗る	khɯ̂n クン	ขึ้น
□ 降りる	loŋ ロン	ลง
□ 叩く	tii ティー	ตี
□ 使う	chái チャイ	ใช้
□ 探す	hǎa ハー	หา
□ 塗る	thaa ター	ทา

ภาษาญี่ปุ่น (タイ人用)
โอคิรุ おきる
เนรุ ねる
ซาวารุ さわる
โตรุ とる
โอคุ おく
ฮิโรอุ ひろう
ซุเตรุ すてる
ฮาโคบุ はこぶ
โอซุ おす
ฮิคุ ひく
อุเครุ うける
ดาซุ だす
ซาซุ さす
ซึคามุ つかむ
โนรุ のる
โอริรุ おりる
ทาทาคุ たたく
ซึคาอุ つかう
ซากาซุ さがす
นุรุ ぬる

文章でも覚えよう!

明日(あした)、何時(なんじ)に起(お)きますか?

พรุ่งนี้ตื่นกี่โมง (K)

プルン　ニー　トゥーン　キー　モーン (K)

phrûŋ níi tùwn kìi mooŋ (k)

อาชิตะนันจินิโอคิมัสสุกะ

触(さわ)っても良(よ)いですか?

จับได้ไหม (K)

チャップ　ダイ　マイ (K)

càp dâi mái (k)

ซาวัตเตโมะ โยยเดสุกะ

ゴミを拾(ひろ)いましょう。

เก็บขยะกันเถอะ (K)

ケップ　カヤ　カン　トゥ (K)

kèp khayà kan thə̀ (k)

โกมิโวะฮิโรยมาโช

人(ひと)を指(さ)してはいけません。

อย่าชี้คนอื่น (K)

ヤー　チー　コン　ウーン (K)

yàa chíi khon ɯ̀ɯn (k)

ฮิโตะโวะซาชิเตวะอิเคะมาเซน

知覚を使う ใช้ความคิด

日本語	ローマ字/カナ読み	タイ語
□ 考える	khít キット	คิด
□ 感じる	rúu sɯ̀k ルー スック	รู้สึก
□ 思う	khít wâa キット ワー	คิดว่า
□ 覚える	cam チャム	จำ
□ 思い出す	nɯ́k ɔ̀ɔk ヌック オーク	นึกออก
□ 忘れる	lɯɯm ルーム	ลืม
□ 悩む	khít mâak キット マーク	คิดมาก
□ 信じる	chɯ̂ɯa チューア	เชื่อ
□ 疑う	sǒŋsǎi ソンサイ	สงสัย
□ 期待する	wǎŋ ワン	หวัง
□ 想像する	khâat カート	คาด
□ 説明する	athíbaay アティバーイ	อธิบาย
□ 理解する	khâu cai カオ チャイ	เข้าใจ
□ 誤解する	khâu cai phìt カオ チャイ ピット	เข้าใจผิด
□ 知る	rúu ルー	รู้
□ 興味を持つ	sǒn cai ソン チャイ	สนใจ
□ 決める	tàt sǐn cai タット シン チャイ	ตัดสินใจ
□ 匂う	klìn クリン	กลิ่น
□ 予想する	khâat カート	คาด
□ 残念に思う	sǐia cai シーア チャイ	เสียใจ

ภาษาญี่ปุ่น (タイ人用)

คันกาเอรุ
かんがえる

คันจิรุ
かんじる

โอโมอุ
おもう

โอโบเอรุ
おぼえる

โอโมยดาสุ
おもいだす

วาซุเรรุ
わすれる

นะยามุ
なやむ

ชินจิรุ
しんじる

อุทากาอุ
うたがう

คิไท ซุรุ
きたいする

โซโซ ซุรุ
そうぞうする

เซะซึเม ซุรุ
せつめいする

ริไก ซุรุ
りかいする

โกะไค ซุรุ
ごかいする

ชิรุ
しる

เคียวมิโวะ โมซึ
きょうみをもつ

คิเมรุ
きめる

นิโออุ
におう

โยโซ ซุรุ
よそうする

ซันเน็นนิ โอโมอุ
ざんねんにおもう

文章でも覚えよう!

あなたは考(かんが)えすぎです。

คุณคิดมากเกินไป (K)
クン　キット　マーク　クーン　パイ (K)
khun khít mâak kəən pai (k)

อะนาตะวะคันกาเอะสุกิเดสุ

私(わたし)の事(こと)、覚(おぼ)えていますか?

จำผม / ดิฉันได้ไหม (K)
チャム　ポム / ディチャン　ダイ　マイ (K)
cam phǒm / dichán dâi mái (k)

วาตาชิโนะโคโตะโอโบเอเตะอิมัสสุกะ

彼(かれ)を知(し)っていますか?

รู้จักเขาไหม (K)
ルーチャック　カオ　マイ (K)
rúucàk kháu mái (k)

คาเรโวะชิตเตะอิมัสสุกะ

タイの文化(ぶんか)に興味(きょうみ)を持(も)っています。

สนใจวัฒนธรรมของไทย (K)
ソン　チャイ　ワットタナタム　コーン　タイ (K)
sǒn cai wátthanátham khɔ̌ɔŋ thai (k)

ไทโนะบุนคานิเคียวมิโวะโมตเตะอิมัสสุ

MP3-34

感情 ความรู้สึก

日本語	ローマ字/カナ読み	タイ語
□好き	chɔ̂ɔp チョープ	ชอบ
□嫌い	klìiat クリーアット	เกลียด
□悲しい	sâu cai サオ チャイ	เศร้าใจ
□寂しい	ŋǎu ガオ	เหงา
□がっかりする	sǐia cai シーア チャイ	เสียใจ
□同情する	hěn cai ヘン チャイ	เห็นใจ
□悔しい	cèp cai チェップ チャイ	เจ็บใจ
□後悔する	phìt wǎŋ ピット ワン	ผิดหวัง
□残念な	sǐia cai シーア チャイ	เสียใจ
□うれしい	dii cai ディー チャイ	ดีใจ
□感動する	pratháp cai プラタップ チャイ	ประทับใจ
□面白い	sanùk サヌック	สนุก
□幸せな	mii khwaam sùk ミー クワーム スック	มีความสุข
□満足する	phɔɔ cai ポー チャイ	พอใจ
□羨ましい	ìtchǎa イットチャー	อิจฉา
□恥ずかしい	aay アーイ	อาย
□心配する	pen hùaŋ ペン フアン	เป็นห่วง
□憎む	klìiat クリーアット	เกลียด
□驚く	tòk cai トック チャイ	ตกใจ
□恐れる	klua クルア	กลัว

ภาษาญี่ปุ่น (タイ人用)
ซุคิ すき
คิไร きらい
คานาชี かなしい
ซามิชี さみしい
กัคคาริ ซุรุ がっかりする
โดโจ ซุรุ どうじょうする
คุยาชี くやしい
โคไค ซุรุ こうかいする
ซันเน็น นะ ざんねんな
อุเรชี うれしい
คันโด ซุรุ かんどうする
โอโมชิโรอิ おもしろい
ชิอะวาเซ นะ しあわせな
มันโซคุ ซุรุ まんぞくする
อุรายามาชี うらやましい
ฮาซุคาชี はずかしい
ชิมไป ซุรุ しんぱいする
นิคุมุ にくむ
โอโดโรคุ おどろく
โอโซเรรุ おそれる

文章でも覚えよう！

私(わたし)はタイ人(じん)が好(す)きです。

ผม/ดิฉันชอบคนไทย (K)

ポム/ディチャン　チョープ　コン　タイ (K)

phǒm / dichán chɔ̂ɔp khon thai (k)

วาตาชิวะไทจินกะซุคิเดสุ

この映画(えいが)は面白(おもしろ)いです。

หนังเรื่องนี้สนุก (K)

ナン　ルーアン　ニー　サヌック (K)

nǎŋ rʉ̂waŋ níi sanùk (k)

โคโนะเอกะวะโอโมชิโรอิเดสุ

とてもうれしいです。

ดีใจมาก (K)

ディー　チャイ　マーク (K)

dii cai mâak (k)

โตเตโมะอุเรชิเดสุ

今(いま)、私(わたし)はとても幸(しあわ)せです。

ตอนนี้ผม/ดิฉันมีความสุขมาก (K)

トーン ニー ポム/ディチャン ミー クワーム スック マーク (K)

tɔɔn níi phǒm / dichán mii khwaam sùk mâak (k)

อิมาวาตาชิวะโตเตโมะชิอาวาเซะเดสุ

生理現象 อาการต่างๆ

日本語	ローマ字/カナ読み	タイ語
□汗をかく	ŋùwa lǎi グーア ライ	เหงื่อไหล
□おしっこをする	pàtsǎawá パットサーワ	ปัสสาวะ
□うんちする	ùtcaará ウットチャーラ	อุจจาระ
□オナラをする	tòt トット	ตด
□あくびをする	hǎaw ハーウ	หาว
□眠たい	ŋûaŋ グアン	ง่วง
□いびきをかく	kron クロン	กรน
□目やに	khîi taa キー ター	ขี้ตา
□涙	nám taa ナム ター	น้ำตา
□つば	nám laay ナム ラーイ	น้ำลาย
□息をする	hǎay cai ハーイ チャイ	หายใจ
□せきをする	ai アイ	ไอ
□くしゃみをする	caam チャーム	จาม
□鼻水が出る	nám mûuk lǎi ナム ムーク ライ	น้ำมูกไหล
□げっぷする	rəə ルー	เรอ
□しゃっくりをする	saùk サウック	สะอึก
□髪がのびる	phǒm yaaw ポム ヤーウ	ผมยาว
□ひげをたくわえる	wái nùat ワイ ヌアット	ไว้หนวด
□月経	pracam dɯwan プラチャム ドゥーアン	ประจำเดือน
□妊娠する	mii thɔ́ɔŋ ミー トーン	มีท้อง

ภาษาญี่ปุ่น（タイ人用）

อะเซโวะ คาคุ
あせをかく

โอชิคโคะโวะ ซุรุ
おしっこをする

อุนจิ ซุรุ
うんちする

โอนาระโวะ ซุรุ
おならをする

อะคุบิโวะ ซุรุ
あくびをする

เนมุไต
ねむたい

อิบิคิโวะ คาคุ
いびきをかく

เมยะนิ
めやに

นะมิดะ
なみだ

ซึบะ
つば

อิคิโวะ ซุรุ
いきをする

เซคิโวะ ซุรุ
せきをする

คุชามิโวะ ซุรุ
くしゃみをする

ฮานามิซุกะ เดรุ
はなみずがでる

เก็บปุ ซุรุ
げっぷする

ชัคคุริโวะ ซุรุ
しゃっくりをする

คามิกะ โนบิรุ
かみがのびる

ฮิเกโวะ ทาคุวาเอรุ
ひげをたくわえる

เก็คเค
げっけい

นินชิน ซุรุ
にんしんする

文章でも覚えよう！

暑（あつ）くて汗（あせ）がたくさん出（で）ます。

ร้อนจึงทำให้เหงื่อออกมาก (K)

ローン　チュン　タム　ハイ　グーア　オーク　マーク (K)

rɔ́ɔn cɯŋ tham hâi ŋɯ̀ɯa ɔ̀ɔk mâak (k)

อาซึคุเตะอะเซกะทาคุซานเดมัสสุ

トイレに行（い）きたいです。

อยากไปห้องน้ำ (K)

ヤーク　パイ　ホン　ナーム (K)

yàak pai hɔ̂ŋ nâam (k)

โทะอิเระนิอิคิไตเดสุ

涙（なみだ）が出（で）て来（き）ます。

น้ำตาไหล (K)

ナム　ター　ライ (K)

nám taa lǎi (k)

นามิดะกะเดเตคิมัสสุ

しゃっくりが止（と）まらない。

สะอึกไม่หยุด (K)

サウック　マイ　ユット (K)

saɯ̀k mâi yùt (k)

ชัคคุริกะโตมาราไน

飛行機 เครื่องบิน

日本語	ローマ字/カナ読み	タイ語
□ 飛行機	khrɯ̂ɯaŋ bin クルーアン ビン	เครื่องบิน
□ 搭乗する	khɯ̂n khrɯ̂ɯaŋ クン クルーアン	ขึ้นเครื่อง
□ 空港	sanǎam bin サナーム ビン	สนามบิน
□ 航空券	tǔua khrɯ̂ɯaŋ bin トゥーア クルーアン ビン	ตั๋วเครื่องบิน
□ 片道	khǎa diiaw カー ディーアウ	ขาเดียว
□ 往復	khǎa pai lɛ́ klàp カー パイ レ クラップ	ขาไปและกลับ
□ 便	thîiaw bin ティーアウ ビン	เที่ยวบิน
□ 国際線	sǎay kaan bin tàaŋ prathêet サーイ カーン ビン ターン プラテート	สายการบินต่างประเทศ
□ 国内線	sǎay kaan bin nai prathêet サーイ カーン ビン ナイ プラテート	สายการบินในประเทศ
□ 予約する	cɔɔŋ チョーン	จอง
□ 空席	thîi wâaŋ ティー ワーン	ที่ว่าง
□ 満席	thîi tem ティー テム	ที่เต็ม
□ パスポート	pháatsapɔ̀ɔt パートサポート	พาสปอร์ต
□ ビザ	wiisâa ウィーサー	วีซ่า
□ 入国審査	trùat khon khâu mɯɯaŋ トゥルアット コン カオ ムーアン	ตรวจคนเข้าเมือง
□ 税関	sǎnphaakɔɔn サンパーコーン	สรรพากร
□ 到着ゲート	dàan khǎa khâu ダーン カー カオ	ด่านขาเข้า
□ 出発ゲート	dàan khǎa ɔ̀ɔk ダーン カー オーク	ด่านขาออก
□ 両替所	thîi lɛ̂ɛk ŋən ティー レーク グン	ที่แลกเงิน
□ 免税店	ráan plɔ̀ɔt phaasǐi ラーン プロート パーシー	ร้านปลอดภาษี

乗る

文章でも覚えよう！

ภาษาญี่ปุ่น (タイ人用)
ฮิโคคิ ひこうき
โตโจ ซุรุ とうじょうする
คูโค くうこう
โคคูเค็น こうくうけん
คะตะมิจิ かたみち
โอฟุคุ おうふく
บิน びん
โคคุไซเซ็น こくさいせん
โคคุไนเซ็น こくないせん
โยยาคุ ซุรุ よやくする
คูเซคิ くうせき
มันเซคิ まんせき
พาซุโปโตะ ぱすぽーと
บิซะ びざ
นิวโคคุ ชินซะ にゅうこくしんさ
เซคัน ぜいかん
โตชาคุ เกโตะ とうちゃくげーと
ชุปปาซึ เกโตะ しゅっぱつげーと
เรียวกะเอโจะ りょうがえじょ
เมนเซเต็น めんぜいてん

スワンナプーム空港(くうこう)に向(む)かう。

มุ่งหน้าไปสนามบินสุวรรณภูมิ (K)

ムン　ナー　パイ　サナーム　ビン　スワンナプーム (K)

mûŋ nâa pai sanǎam bin sùwannaphuum (k)

สุวันนะพูมุคูโคนิมุคาอุ

往復航空券(おうふくこうくうけん)を買(か)いたい。

อยากซื้อตั๋วเครื่องบินขาไปและกลับ (K)

ヤーク　スー　トゥーア　クルーアン　ビン　カー　パイ　レ　クラップ (K)

yàak sʉ́ʉ tǔua khrʉ̂waŋ bin khǎa pai lɛ́ klàp (k)

โอฟุกุโคคูเคนโวะไคไต

ビザを更新(こうしん)しなくてはなりません。

ต้องต่อวีซ่า (K)

トン　トー　ウィーサー (K)

tɔ̂ŋ tɔ̀ɔ wiisâa (k)

บิซาโวะโคชินชินาคุเตวะนาริมาเซน

両替所(りょうがえじょ)はどこですか？

ที่แลกเงินอยู่ที่ไหน (K)

ティー　レーク　グン　ユー　ティー　ナイ (K)

thîi lɛ̂ɛk ŋən yùu thîi nǎi (k)

เรียวกาเอะโจวะโดโคะเดสุกะ

バス รถประจำทาง　オートバイ มอเตอร์ไซค์　タクシー แท็กซี่

日本語	ローマ字/カナ読み	タイ語
□ 運転する	khàp rót カップ ロット	ขับรถ
□ 止める	yùt ユット	หยุด
□ 乗り換える	plìian rót プリーアン ロット	เปลี่ยนรถ
□ 運賃	khâa dooy sǎan カー ドーイ サーン	ค่าโดยสาร
□ バス	rót mee ロット メー	รถเมล์
□ オートバイ	mɔɔtəəsai モートゥーサイ	มอเตอร์ไซค์
□ タクシー	thɛ́ksîi テックシー	แท็กซี่
□ トゥクトゥク	túk túk トゥク トゥク	ตุ๊กตุ๊ก
□ 運転手	khon khàp rót コン カップ ロット	คนขับรถ
□ 自動車	rót yon ロット ヨン	รถยนต์
□ 長距離バス	rót bás ロット バッス	รถบัส
□ 船	rɯɯa ルーア	เรือ
□ バス停留所	pâay rótmee パーイ ロットメー	ป้ายรถเมล์
□ バスターミナル	sathǎanii khǒn sòŋ サターニー コン ソン	สถานีขนส่ง
□ 乗客	phûu dooy sǎan プー ドーイ サーン	ผู้โดยสาร
□ まっすぐ行く	troŋ pai トロン パイ	ตรงไป
□ 左折する	líiaw sáay リーアウ サーイ	เลี้ยวซ้าย
□ 右折する	líiaw khwǎa リーアウ クワー	เลี้ยวขวา
□ 急いで	rew rew レウ レウ	เร็วๆ
□ ゆっくり走って	khàp cháa cháa カップ チャー チャー	ขับช้าๆ

乗る

ภาษาญี่ปุ่น (タイ人用)

อุนเต็น ซุรุ
うんてんする

โทเมรุ
とめる

โนริคาเอรุ
のりかえる

อุนชิน
うんちん

บาซุ
ばす

โอโตไบ
おーとばい

ทาคุชี
たくしー

ทุคุ ทุคุ
とぅくとぅく

อุนเต็น ชุ
うんてんしゅ

จิโดชะ
じどうしゃ

โชเคียวริ บาซุ
ちょうきょりばす

ฟุเนะ
ふね

บาซุ เตริวโจะ
ばすていりゅうじょ

บาซุ ทามินารุ
ばすたーみなる

โจเคียะคุ
じょうきゃく

มัสสุกุ อิคุ
まっすぐいく

ซาเซซึ ซุรุ
させつする

อุเซซึ ซุรุ
うせつする

อิโซยเดะ
いそいで

ยุคคุริ ฮาชิตเตะ
ゆっくりはしって

文章でも覚えよう！

タクシーを止(と)める。

จอดรถแท็กซี่ (K)

チョート　ロット　テックシー (K)

cɔ̀ɔt rót thɛ́ksîi (k)

ทาคุชีโวะโทเมรุ

シーロムまで行(い)って下(くだ)さい。

ไปสีลม (K)

パイ　シーロム (K)

pai sǐilom (k)

ชีโลมุมะเดะ อิทเตะคุดาไซ

そこを左(ひだり)に曲(ま)がって下(くだ)さい。

เลี้ยวซ้ายที่นั่น (K)

リーアウ　サーイ　ティー　ナン (K)

líiaw sáay thîi nân (k)

โซโคโวะฮิดารินิมากัตเตะคุดาไซ

少(すこ)し急(いそ)いで下(くだ)さいますか?

ช่วยรีบหน่อย (K)

チュアイ　リープ　ノイ (K)

chûay rîip nɔ̀y (k)

ซุโคชิอิโซยเดะคุดาไซมัสสุกะ

MP3-38

列車 รถไฟ

日本語	ローマ字/カナ読み	タイ語
□ BTS（高架鉄道）	bii thii és ビー ティー エッス	บีทีเอส
□ ～路線	sǎay ～ サーイ ～	สาย ～
□ 改札口	chɔ̂ŋ trùat tǔua チョン トゥルアット トゥーア	ช่องตรวจตั๋ว
□ 出口	thaaŋ ɔ̀ɔk ターン オーク	ทางออก
□ 鉄道（列車・電車）	rót fai ロット ファイ	รถไฟ
□ 駅	sathǎanii rótfai サターニー ロットファイ	สถานีรถไฟ
□ 売店	ráan khǎay khɔ̌ɔŋ ラーン カーイ コーン	ร้านขายของ
□ 指定席	thîi nâŋ bɛ̀ɛp cɔɔŋ ティー ナン ベープ チョーン	ที่นั่งแบบจอง
□ 自由席	thîi nâŋ thammadaa ティー ナン タムマダー	ที่นั่งธรรมดา
□ 切符	tǔua rótfai トゥーア ロットファイ	ตั๋วรถไฟ
□ 切符売場	thîi khǎay tǔua ティー カーイ トゥーア	ที่ขายตั๋ว
□ プラットホーム	chaan chalaa チャーン チャラー	ชานชลา
□ ～番線	sǎay thîi ～ サーイ ティー ～	สายที่ ～
□ 一等車	rót chán nɯ̀ŋ ロット チャン ヌン	รถชั้น 1
□ 二等車	rót chán sɔ̌ɔŋ ロット チャン ソン	รถชั้น 2
□ 寝台車	tûu nɔɔn トゥー ノーン	ตู้นอน
□ 急行	rót dùan ロット ドゥアン	รถด่วน
□ 鈍行	rót thammadaa ロット タムマダー	รถธรรมดา
□ 時刻表	taaraaŋ weelaa rótfai ターラーン ウェーラー ロットファイ	ตารางเวลารถไฟ
□ 待合室	thîi nâŋ rɔɔ ティー ナン ロー	ที่นั่งรอ

乗る

การโดยสารยานพาหนะ

文章でも覚えよう！

ภาษาญี่ปุ่น (タイ人用)
บี ที เอสุ びーてぃーえす
~ โระเซ็น ～ろせん
ไคซะซึ กุจิ かいさつぐち
เดะกุจิ でぐち
เทซึโด てつどう
เอะคิ えき
ไบเต็น ばいてん
ชิเต เซคิ していせき
จิยู เซคิ じゆうせき
คิปปุ きっぷ
คิปปุ อุริบะ きっぷうりば
พุรัตโตะ โฮมุ ぷらっとほーむ
~ บันเซ็น ～ばんせん
อิตโตชะ いっとうしゃ
นิโตชะ にとうしゃ
ชินไดชะ しんだいしゃ
คูโค きゅうこう
ดนโค どんこう
จิโคคุ เฮียว じこくひょう
มะชิไอ ชิซึ まちあいしつ

BTS(びーてぃーえす)は便利(べんり)な乗(の)り物(もの)です。

บีทีเอสเป็นรถที่สะดวก (K)

ビーティーエッス　ペン　ロット　ティー　サドゥアック (K)

biithiiés pen rót thîi sadùak (k)

บีทีเอสวะเบนรินะโนริโมโนะเดสุ

改札口(かいさつぐち)で待(ま)ち合(あ)わせをしましょう。

นัดเจอกันที่เครื่องตรวจตั๋ว (K)

ナット チュー カン ティー クルーアン トゥルアット トゥーア (K)

nát cəə kan thîi khrɯ̂waŋ trùat tǔua (k)

ไคซะซึกุจิเดะมาจิอาวาเซโวะชิมาโช

一等車(いっとうしゃ)のチケットを買(か)いたいです。

อยากซื้อตั๋วชั้น 1 (K)

ヤーク　スー　トゥーア　チャン　ヌン (K)

yàak sɯ́ɯ tǔua chán nɯ̀ŋ (k)

อิตโตชาโนะชิเคตโตโวะไคไตเดสุ

何時(なんじ)に出発(しゅっぱつ)しますか?

จะออกกี่โมง (K)

チャ　オーク　キー　モーン (K)

cà ɔ̀ɔk kìi mooŋ (k)

นันจินิชุปปาซึชิมัสสุกะ

การโดยสารยานพาหนะ

ホテル โรงแรม

日本語	ローマ字/カナ読み	タイ語
□ 泊まる	phák パック	พัก
□ ホテル	rooŋ rɛɛm ローン レーム	โรงแรม
□ フロント	frɔ́ɔn フローン	ฟร้อนท์
□ 宿泊料	khâa thîi phák カー ティー パック	ค่าที่พัก
□ セーフティボックス	tûu séef トゥー セーフ	ตู้เซฟ
□ チェックイン	chék in チェック イン	เช็คอิน
□ チェックアウト	chék áu チェック アオ	เช็คเอ้าท์
□ ボーイ	bɔ̌y ボイ	บ๋อย
□ メイド	khon tham khwaam saàat コン タム クワーム サアート	คนทำความสะอาด
□ チップ	thíp ティップ	ทิป
□ 部屋番号	bəə hɔ̂ŋ ブー ホン	เบอร์ห้อง
□ シングルルーム	hɔ̂ŋ dìiaw ホン ディーアウ	ห้องเดี่ยว
□ ベッド	tiiaŋ ティーアン	เตียง
□ トイレ	hɔ̂ŋ náam ホン ナーム	ห้องน้ำ
□ エアコン付き	mii ɛɛ ミー エー	มีแอร์
□ バス付き	mii àaŋ àapnáam ミー アーン アープナーム	มีอ่างอาบน้ำ
□ ルームサービス	bɔɔrikaan aahǎan thʉ̌ŋ hɔ̂ŋ ボーリカーン アーハン トゥン ホン	บริการอาหารถึงห้อง
□ ランドリーサービス	bɔɔrikaan sákphâa ボーリカーン サックパー	บริการซักผ้า
□ 非常口	thaaŋ nǐi fai ターン ニー ファイ	ทางหนีไฟ
□ エレベーター	líf リフ	ลิฟต์

ภาษาญี่ปุ่น (タイ人用)
โทมารุ とまる
โฮเตะรุ ほてる
ฟุรนโตะ ふろんと
ชุคุฮาคุ เรียว しゅくはくりょう
เซฟุที บอคคุซุ せいふてぃぼっくす
เช็คคุ อิน ちぇっくいん
เช็คคุ เอาโตะ ちぇっくあうと
บออิ ぼーい
เมโด めいど
ชิปปุ ちっぷ
เฮยะ บันโก へやばんごう
ชินกุรุ รูมุ しんぐるるーむ
เบ็ดโดะ べっど
โทอิเระ といれ
แอคน ซึคิ えあこんつき
บาซุ ซึคิ ばすつき
รูมุ ซาบิซุ るーむさーびす
รันโดรี ซาบิซุ らんどりーさーびす
ฮิโจ กุจิ ひじょうぐち
เอเรเบตา えれべーたー

文章でも覚えよう！

… ホテルはどこですか？

โรงแรม … อยู่ที่ไหน (K)

ローン　レーム　…　ユー　ティー　ナイ (K)

rooŋ rɛɛm … yùu thîi nǎi (k)

… โฮเตรุวะโดโคะเดสุกะ

モーニングコールを6時(ろくじ)にお願(ねが)いします。

กรุณาปลุกตอนเช้าเวลา 6 โมงเช้า (K)

カルナー プルック トーン チャーオ ウェーラー ホック モーンチャーオ (K)

karunaa plùk tɔɔn cháau weelaa hòk mooŋcháau (k)

โมนินกุโครุโวะโรคุจินิโอเนกาอิชิมัสสุ

チェックアウトは何時(なんじ)ですか？

เช็คเอ้าท์กี่โมง (K)

チェック　アオ　キー　モーン (K)

chék áu kìi mooŋ (k)

เชคคุอาอุโตวะนันจิเดสุกะ

私(わたし)の部屋(へや)は１６０８号室(いちろくぜろはちごうしつ)です。

ห้องของผม / ดิฉันเบอร์ 1608 (K)

ホン コーン ポム / ディチャン ブー ヌン ホック スーン ペート (K)

hɔ̂ŋ khɔ̌ɔŋ phǒm / dichán bəə nʉ̀ŋ hòk sǔun pɛ̀ɛt (k)

วาตาชิโนะเฮยาวะอิจิโรคุเซโระฮาจิโกชิซึเดสุ

ゲストハウス เกสต์เฮ้าส์

日本語	ローマ字/カナ読み	タイ語
□ 宿泊料	khâa thîi phák カー ティー パック	ค่าที่พัก
□ フロント	frɔ́ɔn フローン	ฟร้อนท์
□ 部屋番号	bəə hɔ̂ŋ ブー ホン	เบอร์ห้อง
□ シングルルーム	hɔ̂ŋ dìiaw ホン ディーアウ	ห้องเดี่ยว
□ ツインルーム	hɔ̂ŋ khûu ホン クー	ห้องคู่
□ ダブルルーム	hɔ̂ŋ tiiaŋ yài ホン ティーアン ヤイ	ห้องเตียงใหญ่
□ エアコンなし	mâi mii ɛɛ マイ ミー エー	ไม่มีแอร์
□ エアコンあり	mii ɛɛ ミー エー	มีแอร์
□ 扇風機付き	mii phát lom ミー パット ロム	มีพัดลม
□ 扇風機なし	mâi mii phát lom マイ ミー パット ロム	ไม่มีพัดลม
□ テレビ付き	mii thiiwii ミー ティーウィー	มีทีวี
□ テレビなし	mâi mii thiiwii マイ ミー ティーウィー	ไม่มีทีวี
□ 共同部屋	hɔ̂ŋ nɔɔn ruam ホン ノーン ルアム	ห้องนอนรวม
□ 共同トイレ	hɔ̂ŋ náam ruam ホン ナーム ルアム	ห้องน้ำรวม
□ 共同シャワー	hɔ̂ŋ àapnáam ruam ホン アープナーム ルアム	ห้องอาบน้ำรวม
□ 一番安い部屋	hɔ̂ŋ thîi thùuk thîisùt ホン ティー トゥーク ティースット	ห้องที่ถูกที่สุด
□ 監視カメラ	klɔ̂ŋ woŋcɔɔn pìt クロン ウォンチョーン ピット	กล้องวงจรปิด
□ 禁煙	hâam sùup burìi ハーム スープ ブリー	ห้ามสูบบุหรี่
□ メイド	khon tham khwaam saàat コン タム クワーム サアート	คนทำความสะอาด
□ 南京錠	mɛ̂ɛ kuncɛɛ メー クンチェー	แม่กุญแจ

ภาษาญี่ปุ่น (タイ人用)
ชุคุฮาคุ เรียว しゅくはくりょう
ฟุรนโตะ ふろんと
เฮยะ บันโก へやばんごう
ชินกุรุ รูมุ しんぐるるーむ
ซือิน รูมุ ついんるーむ
ดะบุรุ รูมุ だぶるるーむ
แอคอน นะชิ えあこんなし
แอคอน อะริ えあこんあり
เซ็นปูคิ ซึคิ せんぷうきつき
เซ็นปูคิ นะชิ せんぷうきなし
เทเรบิ ซึคิ てれびつき
เทเรบิ นะชิ てれびなし
เคียวโด เบยะ きょうどうべや
เคียวโด โทอิเระ きょうどうといれ
เคียวโด ชาวา きょうどうしゃわー
อิจิบัน ยะซุอิ เฮยะ いちばんやすいへや
คันชิ คาเมระ かんしかめら
คินเอ็น きんえん
เมโดะ めいど
นันคิน โจ なんきんじょう

文章でも覚えよう！

安(やす)いゲストハウスを知(し)っていますか？

รู้จักเกสต์เฮ้าส์ถูกๆไหม (K)

ルーチャック　ケート　ハオ　トゥーク　トゥーク　マイ (K)

rúucàk kèet háo thùuk thùuk mái (k)

ยะซุอิเกซุโตะฮาอุซุโวะชิตเตะอิมัสสุกะ

共同部屋(きょうどうべや)はいやです。

ไม่เอาห้องนอนรวม (K)

マイ　アオ　ホン　ノーン　ルアム (K)

mâi au hɔ̂ŋ nɔɔn ruam (k)

เคียวโดเบยาวะอิยาเดสุ

エアコンなしの部屋(へや)でいいです。

ห้องไม่มีแอร์ก็ได้ (K)

ホン　マイ　ミー　エー　コー　ダイ (K)

hɔ̂ŋ mâi mii ɛɛ kɔ̂ɔ dâi (k)

เออาคนนาชิโนะเฮยาเดะอีเดสุ

部屋(へや)を掃除(そうじ)して下(くだ)さい。

ทำความสะอาดห้องให้หน่อย (K)

タム　クワーム　サアート　ホン　ハイ　ノイ (K)

tham khwaam saàat hɔ̂ŋ hâi nɔ̀y (k)

เฮยะโวะโซจิชิเตะคุดาไซ

アパート อพาร์ทเมนท์

日本語	ローマ字/カナ読み	タイ語
□ アパート	apháatmén アパートメン	อพาร์ทเมนท์
□ 部屋探し	hǎa hɔ̂ŋ phák ハー ホン パック	หาห้องพัก
□ 保証金	khâa mátcam カー マットチャム	ค่ามัดจำ
□ 水道料金	khâa náam カー ナーム	ค่าน้ำ
□ 電気料金	khâa fai カー ファイ	ค่าไฟ
□ 電話代	khâa thoorasàp カー トーラサップ	ค่าโทรศัพท์
□ ガスコンロ	tau kɛ́ɛs タオ ケース	เตาแก๊ส
□ 家具	fəənicə̂ə フーニチュー	เฟอร์นิเจอร์
□ シャワー	fàk bua ファック ブア	ฝักบัว
□ ホットシャワー	fàk bua rɔ́ɔn ファック ブア ローン	ฝักบัวร้อน
□ 家賃	khâa châu カー チャオ	ค่าเช่า
□ 支払日	wan càay ŋən ワン チャーイ グン	วันจ่ายเงิน
□ 紹介手数料	khâa nɛ́ nam カー ネ ナム	ค่าแนะนำ
□ 相場	raakhaa mâatra thǎan ラーカー マートラ ターン	ราคามาตรฐาน
□ ケーブルテレビ	khee bə̂n thiiwii ケー ブン ティーウィー	เคเบิ้ลทีวี
□ 広い	kwâaŋ クワーン	กว้าง
□ 狭い	khɛ̂ɛp ケープ	แคบ
□ 良い	dii ディー	ดี
□ 管理人	khon duulɛɛ コン ドゥーレー	คนดูแล
□ 警備員	yaam ヤーム	ยาม

泊まる

ภาษาญี่ปุ่น (タイ人用)

อะปาโตะ
あぱーと

เฮยะ ซากาชิ
へやさがし

โฮโชคิน
ほしょうきん

ซุยโด เรียวคิน
すいどうりょうきん

เด็นคิ เรียวคิน
でんきりょうきん

เด็งวะ ได
でんわだい

กาซุ คอนโระ
がすこんろ

คากุ
かぐ

ชะวา
しゃわー

ฮอตโตะ ชะวา
ほっとしゃわー

ยะจิน
やちん

ชิฮะไร บิ
しはらいび

โชไก เทซูเรียว
しょうかいてすうりょう

โซบะ
そうば

เคบุรุ เทเรบิ
けーぶるてれび

ฮิโรย
ひろい

เซไม
せまい

โยย
よい

คันริ นิน
かんりにん

เคบิ อิน
けいびいん

文章でも覚えよう!

空き部屋(あきべや)はありますか?

มีห้องว่างไหม (K)

ミー　ホン　ワーン　マイ (K)

mii hɔ̂ŋ wâaŋ mái (k)

อาคิเบยาวะอะริมัสสุกะ

保証金(ほしょうきん)はいくらですか?

ค่ามัดจำเท่าไร (K)

カー　マットチャム　タオライ (K)

khâa mátcam thâurài (k)

โฮโชคินวะอิคุระเดสุกะ

家賃(やちん)は月(つき)いくらですか?

ค่าเช่าเดือนละเท่าไร (K)

カー　チャオ　ドゥーアン　ラ　タオライ (K)

khâa châu dɯwan lá thâurài (k)

ยะจินวะซึคิอิคุระเดสุกะ

この辺(あた)りの相場(そうば)はいくらですか?

แถวนี้ราคาประมาณเท่าไร (K)

テーウ　ニー　ラーカー　プラマーン　タオライ (K)

thɛ̌ɛw níi raakhaa pràmaan thâurài (k)

โคโนะอาตาริโนะโซบาวะอิคุระเดสุกะ

レストラン ร้านอาหาร

日本語	ローマ字/カナ読み	タイ語
□レストラン	ráan aahǎan ラーン アーハーン	ร้านอาหาร
□タイ料理	aahǎan thai アーハーン タイ	อาหารไทย
□日本料理	aahǎan yîipùn アーハーン イープン	อาหารญี่ปุ่น
□洋食	aahǎan faràŋ アーハーン ファラン	อาหารฝรั่ง
□韓国料理	aahǎan kaulǐi アーハーン カオリー	อาหารเกาหลี
□中華料理	aahǎan ciin アーハーン チーン	อาหารจีน
□イタリア料理	aahǎan ìttaalîian アーハーン イッターリーアン	อาหารอิตาเลียน
□ベトナム料理	aahǎan wîiatnaam アーハーン ウィーアットナーム	อาหารเวียดนาม
□シーフード料理	aahǎan thalee アーハーン タレー	อาหารทะเล
□2人	sɔ̌ɔŋ khon ソーン コン	2 คน
□メニュー	meenuu メーヌー	เมนู
□ウェイトレス	phanákŋaan sə̀əf パナックガーン スーフ	พนักงานเสิร์ฟ
□セルフサービス	bɔɔrikaan dûay tuaeeŋ ボーリカーン ドゥアイ トゥアエーン	บริการด้วยตัวเอง
□注文する	sàŋ サン	สั่ง
□勘定する	khít taŋ キット タン	คิดตังค์
□ビュッフェ	búffêe ブッフェー	บุฟเฟ่ต์
□コース料理	aahǎan chút アーハーン チュット	อาหารชุด
□すみません（呼びかけ）	khɔ̌ɔ thôot コー トート	ขอโทษ
□どうぞ	chəən チューン	เชิญ
□お釣りはいりません	mâi tɔ̂ŋ thɔɔn マイ トン トーン	ไม่ต้องทอน

文章でも覚えよう!

ภาษาญี่ปุ่น (タイ人用)

เรซุโตรัน
れすとらん

ไท เรียวริ
たいりょうり

นิฮอน เรียวริ
にほんりょうり

โยโชคุ
ようしょく

คันโคคุ เรียวริ
かんこくりょうり

ชูกะ เรียวริ
ちゅうかりょうり

อิตาเรีย เรียวริ
いたりありょうり

เบโตนามุ เรียวริ
べとなむりょうり

ชีฟูโดะ เรียวริ
しーふーどりょうり

ฟุตาริ
ふたり

เมนิว
めにゅー

เวโตเรซุ
うぇいとれす

เซรุฟุ ซาบิซุ
せるふさーびす

ชูมง ซุรุ
ちゅうもんする

คันโจ ซุรุ
かんじょうする

บุฟเฟะ
びゅっふぇ

โคซุ เรียวริ
こーすりょうり

ซุมิมาเซ็น
すみません

โดโซะ
どうぞ

โอซึริวะ อิริมาเซ็น
おつりはいりません

おすすめの料理(りょうり)は何(なん)ですか?

อาหารที่แนะนำมีอะไรบ้าง (K)

アーハーン ティー ネナム ミー アライ バーン (K)

aahǎan thîi nɛ́nam mii arai bâaŋ (k)

โอซุซุเมโนะเรียวริวะนันเดสุกะ

安(やす)いフカヒレが食(た)べたいです。

อยากกินหูฉลามราคาถูก (K)

ヤーク キン フー チャラーム ラーカー トゥーク (K)

yàak kin hǔu chalǎam raakhaa thùuk (k)

ยาซุยฟุคาฮิเรกะทาเบไตเดสุ

肉料理(にくりょうり)が食(た)べたいです。

อยากกินอาหารจำพวกเนื้อ (K)

ヤーク キン アーハーン チャムプアック ヌーア (K)

yàak kin aahǎan camphûak nʉ́ʉa (k)

นิคุเรียวริกะทาเบไตเดสุ

魚料理(さかなりょうり)が食(た)べたいです。

อยากกินอาหารจำพวกปลา (K)

ヤーク キン アーハーン チャムプアック プラー (K)

yàak kin aahǎan camphûak plaa (k)

ซากานะเรียวริกะทาเบไตเดสุ

味・調味料 รสชาติ,เครื่องปรุง

日本語	ローマ字/カナ読み	タイ語
□ 味	rót châat ロット チャート	รสชาติ
□ 美味しい	arɔ̀y アロイ	อร่อย
□ 不味い	mâi arɔ̀y マイ アロイ	ไม่อร่อย
□ 辛い	phèt ペット	เผ็ด
□ 甘い	wǎan ワーン	หวาน
□ 酸っぱい	prîiaw プリーアウ	เปรี้ยว
□ 塩辛い	khem ケム	เค็ม
□ 苦い	khǒm コム	ขม
□ 香ばしい	hɔ̌ɔm ホーム	หอม
□ 油っぽい	man マン	มัน
□ 調味料	khrûuaŋ pruŋ クルーアン プルン	เครื่องปรุง
□ 唐辛子	phrík プリック	พริก
□ 砂糖	nám taan ナム ターン	น้ำตาล
□ 酢	nám sôm ナム ソム	น้ำส้ม
□ ナンプラー	nám plaa ナム プラー	น้ำปลา
□ 胡椒	phrík thai プリック タイ	พริกไทย
□ 生姜	khǐŋ キン	ขิง
□ 大蒜	krathiiam クラティーアム	กระเทียม
□ 化学調味料	phǒŋ chuu rót ポン チュー ロット	ผงชูรส
□ オイスターソース	sɔ́ɔs hɔ̌ynaaŋrom ソース ホイナーンロム	ซอสหอยนางรม

文章でも覚えよう！

ภาษาญี่ปุ่น (タイ人用)
อะจิ あじ
โออิชี おいしい
มะซุย まずい
คะไร からい
อะไม あまい
ซุปไป すっぱい
ชิโอะ คะไร しおからい
นิไก ひがい
โคบะชี こうばしい
อะบุรับโปย あぶらっぽい
โชมิ เรียว ちょうみりょう
โทกะระชิ とうがらし
ซาโต さとう
ซุ す
นามุปุรา なむぷらー
โคโช こしょう
โชกะ しょうが
นินนิคุ にんにく
คากะคุ โจมิเรียว かがくちょうみりょう
โอยซุตา โซซึ おいすたーそーす

とてもおいしかったです。

อร่อยมาก (K)

アロイ マーク (K)

arɔ̀y mâak (k)

โตเตโมะโออิชิคัตตะเดสุ

ラーメンに砂糖(さとう)も入(い)れます。

ก๋วยเตี๋ยวใส่น้ำตาลด้วย (K)

クアイ ティーアウ サイ ナムターン ドゥアイ (K)

kǔay tǐiaw sài námtaan dûay (k)

ราเมนนิซาโตโมะอิเรมัสสุ

醤油はタイでいうナンプラーです。

ซีอิ๊วสำหรับเมืองไทยคือน้ำปลา (K)

シーイウ サムラップ ムーアン タイ クー ナムプラー (K)

siiíw sǎmràp mɯɯaŋ thai khɯɯ námplaa (k)

โชยุวะไทเดะยูนามุปุราเดสุ

唐辛子(とうがらし)は入(い)れないで下(くだ)さい。

ไม่ต้องใส่พริกนะ (K)

マイ トン サイ プリック ナ (K)

mâi tɔ̂ŋ sài phrík ná (k)

โตการาชิวะอิเรไนเดะคุดาไซ

料理名 อาหาร

日本語	ローマ字/カナ読み	タイ語
□ トムヤムクン	tôm yam kûŋ トム ヤム クン	ต้มยำกุ้ง
□ 麺	sên セン	เส้น
□ チャーハン	khâaw phàt カーウ パット	ข้าวผัด
□ ソムタム	sôm tam ソム タム	ส้มตำ
□ 焼き鳥	kài yâaŋ カイ ヤーン	ไก่ย่าง
□ 牛焼き	nɯ́ɯa yâaŋ ヌーア ヤーン	เนื้อย่าง
□ 豚焼き	mǔu yâaŋ ムー ヤーン	หมูย่าง
□ もち米	khâaw nǐiaw カーウ ニーアウ	ข้าวเหนียว
□ 蒸し鶏肉のせご飯	khâaw man kài カーウ マン カイ	ข้าวมันไก่
□ 揚げ鶏肉のせご飯	khâaw man kài thɔ̂ɔt カーウ マン カイ トート	ข้าวมันไก่ทอด
□ 焼き豚のせご飯	khâaw mǔu dɛɛŋ カーウ ムー デーン	ข้าวหมูแดง
□ タイスキ	sùkîi スキー	สุกี้
□ タイ風焼きそば	phàt thai パット タイ	ผัดไทย
□ おかゆ	khâaw tôm カーウ トム	ข้าวต้ม
□ グリーンカレー	kɛɛŋ khǐiaw wǎan ケーン キーアウ ワーン	แกงเขียวหวาน
□ レッドカレー	kɛɛŋ phèt dɛɛŋ ケーン ペット デーン	แกงเผ็ดแดง
□ タイラーメン	kǔay tǐiaw クアイ ティーアウ	ก๋วยเตี๋ยว
□ シーフード	siifúut シーフート	ซีฟู้ด
□ スープ	súp スップ	ซุป
□ サラダ	salàt サラット	สลัด

ภาษาญี่ปุ่น (タイ人用)

โตมุยะมุคุง
とむやむくん

เมน
めん

ชาฮัน
ちゃーはん

โซมุทะมุ
そむたむ

ยากิโตริ
やきとり

กิว ยะคิ
ぎゅうやき

บุตะ ยะคิ
ぶたやき

โมจิ โกะเมะ
もちごめ

มุชิ โตรินิคุ โนะเซะ โกฮัง
むしとりにくのせごはん

อะเกะ โตรินิคุ โนะเซะ โกะฮัง
あげとりにくのせごはん

ยาคิบุตะ โนเซะ โกฮัง
やきぶたのせごはん

ไทซุคิ
たいすき

ไทฟู ยะกิโซบะ
たいふうやきそば

โอะคายุ
おかゆ

กุรีน คาเร
ぐりーんかれー

เรดโดะ คาเร
れっどかれー

ไท ราเมง
たいらーめん

ชี ฟูโดะ
しーふーど

ซูปุ
すーぷ

ซะระดะ
さらだ

文章でも覚えよう！

トムヤムクンは日本(にほん)でとても有名(ゆうめい)です。

ที่ญี่ปุ่นต้มยำกุ้งมีชื่อมาก (K)

ティー　イープン　トムヤムクン　ミー　チュー　マーク (K)

thîi yîipùn tômyamkûŋ mii chɯ̂ɯ mâak (k)

โตมุยามุคุนวะนิฮนเดะโตเตโมะยูเมเดสุ

ソムタムはとても辛(から)いサラダです。

ส้มตำเป็นสลัดที่เผ็ดมาก (K)

ソムタム　ペン　サラット　ティー　ペット　マーク (K)

sômtam pen salàt thîi phèt mâak (k)

โซมุตามุวะโตเตโมะคาไรซาราดะเดสุ

タイではもち米(ごめ)をよく食(た)べます。

ที่ไทยชอบกินข้าวเหนียว (K)

ティー　タイ　チョープ　キン　カーウニーアウ (K)

thîi thai chɔ̂ɔp kin khâawnǐiaw (k)

ไทเดวะโมจิโกเมโวะโยคุทาเบมัสสุ

タイスキは日本(にほん)のスキヤキみたいです。

สุกี้ไทยคล้ายกับสุกี้ญี่ปุ่น (K)

スキー　タイ　クラーイ　カップ　スキー　イープン (K)

sùkîi thai khláay kàp sùkîi yîipùn (k)

ไทสุคิวะนิฮนโนะซุกิยากิมิไตเดสุ

MP3-45

食事に関する言葉 ศัพท์อาหาร

日本語	ローマ字/カナ読み	タイ語
□ 食べる	kin キン	กิน
□ 腹が減る	hǐw ヒウ	หิว
□ 飲む	dùum ドゥーム	ดื่ม
□ のどが渇く	khɔɔ hɛ̂ɛŋ コー ヘーン	คอแห้ง
□ 味わう	lím rót リム ロット	ลิ้มรส
□ 満腹になる	ìm イム	อิ่ม
□ 昼食	aahǎan klaaŋwan アーハーン クラーンワン	อาหารกลางวัน
□ 夕食	aahǎan yen アーハーン イエン	อาหารเย็น
□ おやつ	khanǒm wâaŋ カノム ワーン	ขนมว่าง
□ 飲み物	khrûuaŋ dùum クルーアン ドゥーム	เครื่องดื่ม
□ おかず	kàp khâaw カップ カーウ	กับข้าว
□ 大盛り	khanàat yài カナート ヤイ	ขนาดใหญ่
□ おかわり	au ìik アオ イーク	เอาอีก
□ お皿	caan チャーン	จาน
□ 小皿	caan lék チャーン レック	จานเล็ก
□ どんぶり	chaam チャーム	ชาม
□ スプーン	chɔ́ɔn チョーン	ช้อน
□ フォーク	sɔ̂m ソム	ส้อม
□ ナイフ	mîit ミート	มีด
□ はし	takìiap タキーアップ	ตะเกียบ

ภาษาญี่ปุ่น (タイ人用)

ทะเบรุ
たべる

ฮะระกะ เฮรุ
はらがへる

โนมุ
のむ

โนโดะกะ คะวะคุ
のどがかわく

อะจิวาอุ
あじわう

มัมปุคุนิ นารุ
まんぷくになる

ชูโชคุ
ちゅうしょく

ยูโชคุ
ゆうしょく

โอะยะซึ
おやつ

โนมิโมโนะ
のみもの

โอคาซุ
おかず

โอโมริ
おおもり

โอะคาวาริ
おかわり

โอะซาระ
おさら

โคซาระ
こざら

ดนบุริ
どんぶり

ซุปุน
すぷーん

โฟคุ
ふぉーく

ไนฟุ
ないふ

ฮะชิ
はし

文章でも覚えよう!

おなかが減(へ)って死(し)にそうです。

หิวจนจะตายอยู่แล้ว (K)

ヒウ　チョン　チャ　ターイ　ユー　レーウ (K)

hǐw con cà taay yùu lɛ́ɛw (k)

โอนาคากะเฮตเตะชินิโซเดสุ

今日(きょう)の夕食(ゆうしょく)は何(なん)ですか?

อาหารเย็นวันนี้คืออะไร (K)

アーハーン　イェン　ワン　ニー　クー　アライ (K)

aahǎan yen wan níi khɯɯ arai (k)

เคียวโนะยูโชคุวะนันเดสุกะ

おいしいので、おかわりします。

ขออีกที่เพราะว่าอร่อย (K)

コー　イーク　ティー　プロ　ワー　アロイ (K)

khɔ̌ɔ ìik thîi phrɔ́ wâa arɔ̀y (k)

โออิชีโนเดะโอคาวาริชิมัสสุ

飲(の)み物(もの)は何(なに)がいいですか?

ดื่มอะไรดี (K)

ドゥーム　アライ　ディー (K)

dɯ̀ɯm arai dii (k)

โนมิโมโนวะนะนิกะอีเดสุกะ

調理法 ปรุงอาหาร

日本語	ローマ字/カナ読み	タイ語
□ 焼く	yâaŋ ヤーン	ย่าง
□ 炒める	phàt パット	ผัด
□ 蒸す	nûŋ ヌン	นึ่ง
□ 煮る	tôm トム	ต้ม
□ 炊く	hǔŋ フン	หุง
□ 揚げる	thɔ̂ɔt トート	ทอด
□ あぶる	pîŋ ピン	ปิ้ง
□ 生	dìp ディップ	ดิบ
□ 混ぜる	khlúk クルック	คลุก
□ 切る	tàt タット	ตัด
□ ゆでる	lûak ルアック	ลวก
□ 水切り	salàt náam サラット ナーム	สลัดน้ำ
□ しこむ	triiam tham aahǎan トゥリーアム タム アーハーン	เตรียมทำอาหาร
□ ねかす	màk マック	หมัก
□ いぶす	rom khwan ロム クワン	รมควัน
□ 干す	tàak ターク	ตาก
□ さばく	lɛ̂ɛ レー	แล่
□ ふるいにかける	rɔ̂n ロン	ร่อน
□ くしに刺す	sìiap máai シーアップ マーイ	เสียบไม้
□ つける（たれに）	cîm (nám cîm) チム（ナム チム）	จิ้ม (น้ำจิ้ม)

食べる

文章でも覚えよう！

ภาษาญี่ปุ่น (タイ人用)

ยะคุ
やく

อิตะเมรุ
いためる

มุซุ
むす

นิรุ
にる

ทาคุ
たく

อะเกรุ
あげる

อะบุรุ
あぶる

นะมะ
なま

มะเซรุ
まぜる

คิรุ
きる

ยุเดะรุ
ゆでる

มิซุคิริ
みずきり

ชิโคมุ
しこむ

เนคะซุ
ねかす

อิบุซุ
いぶす

โฮซุ
ほす

ซะบะคุ
さばく

ฟุรุยนิ คาเครุ
ふるいにかける

คุชินิ ซาซุ
くしにさす

ซึเครุ (ทะเรนิ)
つける (たれに)

よく焼(や)いて下(くだ)さい。

ช่วยย่างให้สุกๆหน่อย (K)

チュアイ　ヤーン　ハイ　スック　スック　ノイ (K)

chûay yâaŋ hâi sùk sùk nɔ̀y (k)

โยคุไยเตะคุดาไซ

炒(いた)めものが好(す)きです。

ชอบกินของผัด (K)

チョープ　キン　コーン　パット (K)

chɔ̂ɔp kin khɔ̌ɔŋ phàt (k)

อิทาเมโมโนกะซุคิเดสุ

ナマモノは食(た)べられません。

ของดิบกินไม่ได้ (K)

コーン　ディップ　キン　マイ　ダイ (K)

khɔ̌ɔŋ dìp kin mâi dâi (k)

นามาโมโนวะทาเบราเรมาเซน

くし焼(や)きが食(た)べたいです。

อยากกินอาหารปิ้งเสียบไม้ (K)

ヤーク　キン　アーハーン　ピン　シーアップ　マーイ (K)

yàak kin aahǎan pîŋ sǐiap máai (k)

คุชิยาคิกะทาเบไทเดสุ

料理の材料 กับข้าว

日本語	ローマ字/カナ読み	タイ語
□ 卵	khài カイ	ไข่
□ 米	khâaw カーウ	ข้าว
□ 豆腐	tâuhûu タオフー	เต้าหู้
□ 牛肉	nɯ́ɯa wua ヌーア ウア	เนื้อวัว
□ 豚肉	nɯ́ɯa mǔu ヌーア ムー	เนื้อหมู
□ 鶏肉	nɯ́ɯa kài ヌーア カイ	เนื้อไก่
□ アヒル肉	nɯ́ɯa pèt ヌーア ペット	เนื้อเป็ด
□ レバー	tàp タップ	ตับ
□ ソーセージ	sâi krɔ̀ɔk サイ クローク	ไส้กรอก
□ ハム	hɛm ヘム	แฮม
□ ベーコン	beekhɔ̂n ベーコン	เบคอน
□ 魚	plaa プラー	ปลา
□ ナマズ	plaa dùk プラー ドゥック	ปลาดุก
□ イカ	plaa mɯ̀k プラー ムック	ปลาหมึก
□ エビ	kûŋ クン	กุ้ง
□ カニ	puu プー	ปู
□ かき	hɔ̌y naaŋrom ホイ ナーンロム	หอยนางรม
□ 貝	hɔ̌y ホイ	หอย
□ ミルク	nom ノム	นม
□ バター	nəəy ヌーイ	เนย

อาหารการกิน

ภาษาญี่ปุ่น (タイ人用)

ทะมะโกะ
たまご

โคะเมะ
こめ

โตฟุ
とうふ

กิว นิคุ
ぎゅうにく

บุตะ นิคุ
ぶたにく

โทริ นิคุ
とりにく

อะฮิรุ นิคุ
あひるにく

เรบา
ればー

โซเซจิ
そーせーじ

ฮะมุ
はむ

เบคอน
べーこん

ซะคะนะ
さかな

นะมะซุ
なまず

อิคะ
いか

เอบิ
えび

คานิ
かに

คาคิ
かき

ไค
かい

มิรุคุ
みるく

บะตา
ばたー

文章でも覚えよう!

卵(たまご)を入(い)れて下(くだ)さい。

ใส่ไข่ด้วยนะ (K)

サイ　カイ　ドゥアイ　ナ (K)

sài khài dûay ná (k)

ทามาโกะโวะอิเรเตคุดาไซ

豆腐(とうふ)を使(つか)った料理(りょうり)が食(た)べたいです。

อยากกินอาหารที่ใส่เต้าหู้ (K)

ヤーク　キン　アーハーン　ティー　サイ　タオフー (K)

yàak kin aahǎan thîi sài tâuhûu (k)

โทฟุโวซึคัตตะเรียวริกะทาเบไทเดสุ

牛肉(ぎゅうにく)は食(た)べられますか?

กินเนื้อวัวได้ไหม (K)

キン　ヌーア　ウア　ダイ　マイ (K)

kin nɯ́ɯa wua dâi mái (k)

กิวนิคุวะทาเบราเรมัสสุกะ

貝類(かいるい)は食(た)べられません。

กินอาหารจำพวกหอยไม่ได้ (K)

キン　アーハーン　チャム　プアック　ホイ　マイ　ダイ (K)

kin aahǎan cam phûak hɔ̌y mâi dâi (k)

ไครุยวะทาเบราเรมาเซน

อาหารการกิน

野菜・果物　ผัก,ผลไม้

日本語	ローマ字/カナ読み	タイ語
□ 野菜	phàk パック	ผัก
□ きゅうり	tɛɛŋkwaa テーンクワー	แตงกวา
□ もやし	thùaŋɔ̂ɔk トゥアゴーク	ถั่วงอก
□ たまねぎ	hǔuahɔ̌ɔmyài フーアホームヤイ	หัวหอมใหญ่
□ トマト	mákhʉ̌ʉathêet マクーアテート	มะเขือเทศ
□ 空心菜	phàkbûŋ パックブン	ผักบุ้ง
□ じゃがいも	manfaràŋ マンファラン	มันฝรั่ง
□ かぼちゃ	fákthɔɔŋ ファックトーン	ฟักทอง
□ なす	mákhʉ̌ʉa マクーア	มะเขือ
□ たけのこ	nɔ̀ɔmáai ノーマーイ	หน่อไม้
□ きのこ	hèt ヘット	เห็ด
□ 果物	phǒnlamáai ポンラマーイ	ผลไม้
□ パパイヤ	malakɔɔ マラコー	มะละกอ
□ すいか	tɛɛŋmoo テーンモー	แตงโม
□ パイナップル	sàpparót サップパロット	สับปะรด
□ ドリアン	thúriian トゥリーアン	ทุเรียน
□ マンゴー	mamûaŋ マムアン	มะม่วง
□ ランブータン	ŋɔ́ ゴ	เงาะ
□ マンゴスチン	maŋkhút マンクット	มังคุด
□ みかん	sôm ソム	ส้ม

食べる

ภาษาญี่ปุ่น (タイ人用)
ยะไซ やさい
คิวริ きゅうり
โมยะชิ もやし
ทามะเนกิ たまねぎ
โทมะโทะ とまと
คูชินไซ くうしんさい
จะไกโมะ じゃがいも
คาโบจะ かぼちゃ
นะซุ なす
ทาเคโนโกะ たけのこ
คิโนโกะ きのこ
คุดาโมโนะ くだもの
ปาไปยะ ぱぱいや
ซุยคะ すいか
พายนับปุรุ ぱいなっぷる
โดเรียน どりあん
มันโก まんごー
รันบูตัน らんぶーたん
มันโกซุชิน まんごすちん
มิคัน みかん

文章でも覚えよう!

野菜料理(やさいりょうり)を食(た)べたいです。

อยากกินอาหารจำพวกผัก (K)

ヤーク　キン　アーハーン　チャム　プアック　パック (K)

yàak kin aahǎan cam phûak phàk (k)

ยาไซเรียวริโวะทาเบไทเดสุ

たまねぎは入(い)れないで下(くだ)さい。

ไม่ต้องใส่หัวหอมใหญ่ (K)

マイ　トン　サイ　フーアホームヤイ (K)

mâi tɔ̂ŋ sài hǔuahɔ̌ɔmyài (k)

ทามาเนกิวะอิเรไนเดะคุดาไซ

ドリアンはお酒(さけ)と食(た)べると危険(きけん)です。

กินทุเรียนกับเหล้าจะเป็นอันตราย (K)

キン　トゥリーアン　カップ　ラオ　チャ　ペン　アンタラーイ (K)

kin thúriian kàp lâu cà pen antaraay (k)

โดริอันวะโอซาเกโตะทาเบรุโตะคิเคนเดสุ

日本人(にほんじん)は果物(くだもの)が大好(だいす)きです。

คนญี่ปุ่นชอบกินผลไม้ (K)

コン　イープン　チョープ　キン　ポンラマーイ (K)

khon yîipùn chɔ̂ɔp kin phǒnlamáai (k)

นิฮนจินวะคุดาโมโนกะไดซุคิเดสุ

飲み物とデザート เครื่องดื่มกับของหวาน

日本語	ローマ字/カナ読み	タイ語
□水	náam ナーム	น้ำ
□氷	nám khěŋ ナム ケン	น้ำแข็ง
□お湯	nám rɔ́ɔn ナム ローン	น้ำร้อน
□熱い	rɔ́ɔn ローン	ร้อน
□冷たい	yen イェン	เย็น
□お茶	nám chaa ナム チャー	น้ำชา
□紅茶	chaa faràŋ チャー ファラン	ชาฝรั่ง
□ミルクティー	chaa sài nom チャー サイ ノム	ชาใส่นม
□レモンティー	chaa manaaw チャー マナーウ	ชามะนาว
□コーヒー	kaafɛɛ カーフェー	กาแฟ
□アイスコーヒー	kaafɛɛ yen カーフェー イェン	กาแฟเย็น
□牛乳	nom ノム	นม
□オレンジジュース	nám sôm ナム ソム	น้ำส้ม
□シェイクジュース	nám pàn ナム パン	น้ำปั่น
□コーラ	khóok コーク	โค้ก
□お菓子	khanǒm カノム	ขนมว่าง
□チョコレート	chɔ́kkoolɛ́t チョックコーレット	ช็อกโกแลต
□焼きバナナ	klûay thɔ̂ɔt クルアイ トート	กล้วยทอด
□アイスクリーム	aisakhriim アイサクリーム	ไอศครีม
□クレープ	khrép クレップ	เครป

ภาษาญี่ปุ่น（タイ人用）	
มิซุ	みず
โคริ	こおり
โอยุ	おゆ
อะซึย	あつい
ซึเมไต	つめたい
โอจะ	おちゃ
โคจะ	こうちゃ
มิรุคุ ที	みるくてぃー
เรมน ที	れもんてぃー
โคฮี	こーひー
ไอซุ โคฮี	あいすこーひー
กิว นิว	ぎゅうにゅう
โอเรนจิ จูซุ	おれんじじゅーす
เชคุ จูซุ	しぇいくじゅーす
โคระ	こーら
โอคาชิ	おかし
โชโคเรโตะ	ちょこれーと
ยาคิ บานานะ	やきばなな
ไอซุ คุรีมุ	あいすくりーむ
คุเรปุ	くれーぷ

文章でも覚えよう！

冷たい水をお願いします。

ขอน้ำเย็น (K)

コー　ナム　イェン (K)

khɔ̌ɔ nám yen (k)

ซึเมไตมิซุโวะโอเนกาอิชิมัสสุ

氷を入れて下さい。

ใส่น้ำแข็งด้วย (K)

サイ　ナム　ケン　ドゥアイ (K)

sài nám khɛ̌ŋ dûay (k)

โคริโวะอิเรเตะคุดาไซ

バナナのシェイクジュースを下さい。

ขอน้ำกล้วยปั่น (K)

コー　ナム　クルアイ　パン (K)

khɔ̌ɔ nám klûay pàn (k)

บานานาโนะเชอิคุจูซุโวะคุดาไซ

タイのお菓子はとても甘い。

ขนมของไทยหวานมาก (K)

カノム　コーン　タイ　ワーン　マーク (K)

khanǒm khɔ̌ɔŋ thai wǎan mâak (k)

ไทโนะโอคาชิวะโตเตโมะอาไม

MP3-50

買い物 ซื้อของ

日本語	ローマ字/カナ読み	タイ語
□ 店	ráan ラーン	ร้าน
□ 市場	talàat タラート	ตลาด
□ デパート	hâaŋ ハーン	ห้าง
□ スーパーマーケット	súppə̂ə スッププー	ซุปเปอร์
□ 店員	phanákŋaan khǎay パナックガーン カーイ	พนักงานขาย
□ 客	lûuk kháa ルーク カー	ลูกค้า
□ 買う	sɯ́ɯ スー	ซื้อ
□ 選ぶ	lɯ̂ak ルーアック	เลือก
□ 試着する	lɔɔŋ ローン	ลอง
□ 高い	phɛɛŋ ペーン	แพง
□ 安い	thùuk トゥーク	ถูก
□ 払う	càay チャーイ	จ่าย
□ 返品する	khɯɯn クーン	คืน
□ 交換する	plìian プリーアン	เปลี่ยน
□ 定価	raakhaa tem ラーカー テム	ราคาเต็ม
□ 割引	lót raakhaa ロット ラーカー	ลดราคา
□ バーゲン	chûaŋ lótraakhaa チュアン ロットラーカー	ช่วงลดราคา
□ タダ（無料）	frii フリー	ฟรี
□ 釣り銭	ŋən thɔɔn グン トーン	เงินทอน
□ レジ	thîi khít ŋən ティー キット グン	ที่คิดเงิน

楽しむ

ภาษาญี่ปุ่น (タイ人用)

มิเซะ
みせ

อิจิบะ
いちば

เดปาโตะ
でぱーと

ซูปา มาเก็ตโตะ
すーぱーまーけっと

เท็น อิน
てんいん

เคียะคุ
きゃく

คาอุ
かう

เอราบุ
えらぶ

ชิจาคุ ซุรุ
しちゃくする

ทาไค
たかい

ยะซุย
やすい

ฮาราอุ
はらう

เฮ็นปิน ซุรุ
へんぴんする

โคคัน ซุรุ
こうかんする

เทคะ
ていか

วาริบิคิ
わりびき

บาเก็น
ばーげん

ทาดะ (มุเรียว)
ただ(むりょう)

ซึริเซ็น
つりせん

เรจิ
れじ

文章でも覚えよう!

有名(ゆうめい)な市場(いちば)はどこですか?

ตลาดที่มีชื่ออยู่ที่ไหน (K)

タラート ティー ミー チュー ユー ティー ナイ (K)

talàat thîi mii chûuu yùu thîi năi (k)

ยูเมนะอิจิบะวะโดโคะเดสุกะ

安(やす)くなりませんか?

ถูกกว่านี้ได้ไหม (K)

トゥーク クワー ニー ダイ マイ (K)

thùuk kwàa níi dâi mái (k)

ยาซุคุนาริมาเซนกะ

高(たか)すぎます。

แพงไป (K)

ペーン パイ (K)

phɛɛŋ pai (k)

ทาคาซุกิมัสสุ

試着(しちゃく)してもいいですか?

ลองได้ไหม (K)

ローン ダイ マイ (K)

lɔɔŋ dâi mái (k)

ชิจาคุชิเตโมะอีเดสุกะ

洋服 เสื้อผ้า

日本語	ローマ字/カナ読み	タイ語
□ 洋服	sʉ̂ʉa phâa スーア パー	เสื้อผ้า
□ 着る	sài サイ	ใส่
□ 脱ぐ	thɔ̀ɔt トート	ถอด
□ ワンピース	chút sɛ̀k チュット セック	ชุดแซ็ก
□ ドレス	chút raa trii チュット ラー トリー	ชุดราตรี
□ ズボン	kaaŋ keeŋ カーン ケーン	กางเกง
□ スカート	kra prooŋ クラ プローン	กระโปรง
□ ブラウス	sʉ̂ʉa chə́ət phûuyǐŋ スーア チュート プーイン	เสื้อเชิ้ตผู้หญิง
□ シャツ	sʉ̂ʉa chə́ət スーア チュート	เสื้อเชิ้ต
□ ベスト	sʉ̂ʉa kák スーア カック	เสื้อกั๊ก
□ 長袖	sʉ̂ʉa khɛ̌ɛn yaaw スーア ケーン ヤーウ	เสื้อแขนยาว
□ 半袖	sʉ̂ʉa khɛ̌ɛn sân スーア ケーン サン	เสื้อแขนสั้น
□ コート	sʉ̂ʉa khóot スーア コート	เสื้อโค้ท
□ セーター	sʉ̂ʉa thàk mǎi phrom スーア タック マイ プロム	เสื้อถักไหมพรม
□ Tシャツ	sʉ̂ʉa yʉ̂ʉt スーア ユート	เสื้อยืด
□ 半ズボン	kaaŋ keeŋ khǎa sân カーン ケーン カー サン	กางเกงขาสั้น
□ ジーンズ	yiin イーン	ยีนส์
□ 寝間着	sʉ̂ʉa nɔɔn スーア ノーン	เสื้อนอน
□ 水着	chút wâaynáam チュット ワーイナーム	ชุดว่ายน้ำ
□ 革ジャンパー	sʉ̂ʉa nǎŋ スーア ナン	เสื้อหนัง

ภาษาญี่ปุ่น (タイ人用)

ภาษาญี่ปุ่น	
โยฟุคุ	ようふく
คิรุ	きる
นุกุ	ぬぐ
วันปีซุ	わんぴーす
โดเรซุ	どれす
ซุบง	ずぼん
ซุกาโตะ	すかーと
บุราอุซุ	ぶらうす
ชาซึ	しゃつ
เบซุโตะ	べすと
นะกะ โซเดะ	ながそで
ฮัง โซเดะ	はんそで
โคโตะ	こーと
เซตา	せーたー
ที ชาซึ	てぃーしゃつ
ฮัง ซุบง	はんずぼん
จีนซุ	じーんず
เนมาคิ	ねまぎ
มิซุกิ	みずぎ
คาวะ จันปา	かわじゃんぱー

文章でも覚えよう！

洋服を買いに行きたいです。

อยากไปซื้อเสื้อผ้า (K)

ヤーク　パイ　スー　スーア　パー (K)

yàak pai sɯ́ɯ sɯ̂ɯa phâa (k)

โยฟุคุโวะไคนิอิคิไตเดสุ

この洋服はとてもかわいいです。

เสื้อตัวนี้น่ารักมาก (K)

スーア　トゥア　ニー　ナー　ラック　マーク (K)

sɯ̂ɯa tuua níi nâa rák mâak (k)

โคโนะโยฟุคุวะโตเตโมะคาวาอีเดสุ

タイ語のTシャツが欲しいです。

อยากได้เสื้อยืดอักษรภาษาไทย (K)

ヤーク　ダイ　スーア　ユート　アックソーン　パーサー　タイ (K)

yàak dâi sɯ̂ɯa yɯ̂ɯt àksɔ̌ɔn phaasǎa thai (k)

ไทโกะโนะทีชาซึกะโฮชีเดสุ

民族衣装が欲しいです。

อยากได้ชุดโบราณ (K)

ヤーク　ダイ　チュット　ボーラーン (K)

yàak dâi chút booraan (k)

มินโซคุอิโชกะโฮชีเดสุ

เพลิดเพลิน

観光　ท่องเที่ยว

日本語	ローマ字/カナ読み	タイ語
□お寺	wát ワット	วัด
□宮殿	waŋ ワン	วัง
□水上マーケット	talàat náam タラート ナーム	ตลาดน้ำ
□ローズガーデン	sǔan sǎam phraan スアン サーム プラーン	สวนสามพราน
□博物館	phiphítthaphan ピピットタパン	พิพิธภัณฑ์
□動物園	sǔan sàt スアン サット	สวนสัตว์
□島	kɔ̀ コ	เกาะ
□遊覧船	rɯɯa thɔ̂ŋ thîiaw ルーア トン ティーアウ	เรือท่องเที่ยว
□ビーチ	hàat ハート	หาด
□遺跡	sâak boo raan サーク ボー ラーン	ซากโบราณ
□首長族	phàu karìiaŋ khɔɔ yaaw パオ カリーアン コー ヤーウ	เผ่ากระเหรี่ยงคอยาว
□少数民族	chaaw khǎu チャーウ カオ	ชาวเขา
□象に乗る	khìi cháaŋ キー チャーン	ขี่ช้าง
□入場料	khâa phàan pratuu カー パーン プラトゥー	ค่าผ่านประตู
□拝観料	khâa khâu chom カー カオ チョム	ค่าเข้าชม
□パンフレット	boo chua ボー チュア	โบชัวร์
□絵はがき	póos káat ポース カート	โปสการ์ด
□ムエタイ観戦	chom muaythai チョム ムアイタイ	ชมมวยไทย
□タイ舞踊	ram thai ラム タイ	รำไทย
□オカマショー	choo kathəəy チョー カトゥーイ	โชว์กะเทย

楽しむ

ภาษาญี่ปุ่น (タイ人用)

โอเทระ
おてら

คิวเด็ง
きゅうでん

ซุยโจ มาเค็ตโตะ
すいじょうまーけっと

โรซุ กาเดน
ろーずがーでん

ฮาคุบุซึ คัน
はくぶつかん

โดบุซึ เอ็น
どうぶつえん

ชิมะ
しま

ยูรัน เซ็น
ゆうらんせん

บีจิ
びーち

อิเซคิ
いせき

คุบินะกะ โซคุ
くびながぞく

โชซู มินโซคุ
しょうすうみんぞく

โซนิ โนรุ
ぞうにのる

นิวโจ เรียว
にゅうじょうりょう

ไฮคัน เรียว
はいかんりょう

ปังฟุเร็ตโตะ
ぱんふれっと

เอะ ฮากาคิ
えはがき

มุเอะไท คันเซ็น
むえたいかんせん

ไท บุโย
たいぶよう

โอคามะ โซ
おかましょー

文章でも覚えよう！

観光(かんこう)スポットはどこですか?

สถานที่ท่องเที่ยวอยู่ที่ไหน (K)

サターン　ティー　トン　ティーアウ　ユー　ティー　ナイ (K)

sathǎan thîi thɔ̂ŋ thîiaw yùu thîi nǎi (k)

คันโคซุโพตโตะวะโดโคะเดสุกะ

お寺(てら)に行(い)きたいです。

อยากไปวัด (K)

ヤーク　パイ　ワット (K)

yàak pai wát (k)

โอเทระนิอิคิไตเดสุ

拝観料(はいかんりょう)はいくらですか?

ค่าเข้าชมเท่าไร (K)

カー　カオ　チョム　タオライ (K)

khâa khâu chom thâurài (k)

ไฮคันเรียววะอิคุระเดสุกะ

オカマショーを観(み)たいです。

อยากดูโชว์กะเทย (K)

ヤーク　ドゥー　チョー　カ゚トゥーイ (K)

yàak duu choo kathəəy (k)

โอกามาโชโวะมิไตเดสุ

ビーチ ชายหาด

日本語	ローマ字/カナ読み	タイ語
□ 海	thalee タレー	ทะเล
□ 島	kɔ̀ コ	เกาะ
□ 釣り	tòk plaa トック プラー	ตกปลา
□ ビーチ	chaay hàat チャーイ ハート	ชายหาด
□ パラソル	rôm chuuchîip ロム チューチープ	ร่มชูชีพ
□ チェア	kâauîi カーオイー	เก้าอี้
□ 砂	saay サーイ	ทราย
□ スノーケリング	dam náam ダム ナーム	ดำน้ำ
□ クルージング	nâŋ rɯɯa ナン ルーア	นั่งเรือ
□ サンゴ礁	pàkaaraŋ パカーラン	ปะการัง
□ バナナボート	baanaanâa bóot バーナーナー ボート	บานาน่าโบ๊ต
□ ジェットボート	rɯɯa rew ルーア レウ	เรือเร็ว
□ 魚	plaa プラー	ปลา
□ 更衣室	hɔ̂ŋ plìian sɯ̂ɯaphâa ホン プリーアン スーアパー	ห้องเปลี่ยนเสื้อผ้า
□ 水着	chút wâaynáam チュット ワーイナーム	ชุดว่ายน้ำ
□ ゴーグル	wɛ̂ntaa damnáam ウェンター ダムナーム	แว่นตาดำน้ำ
□ 日焼け止め	yaa thaa kan dɛ̀ɛt ヤー ター カン デート	ยาทากันแดด
□ 虫除け	yaa kan ma lɛɛŋ ヤー カン マ レーン	ยากันแมลง
□ 救命胴衣	sɯ̂ɯa chuu chîip スーア チュー チープ	เสื้อชูชีพ
□ 浮き輪	hùaŋ yaaŋ フアン ヤーン	ห่วงยาง

เพลิดเพลิน

ภาษาญี่ปุ่น (タイ人用)

อุมิ うみ
ชิมะ しま
ซึริ つり
บีจิ びーち
พาราโซรุ ぱらそる
แชอะ ちぇあ
ซุนะ すな
ซุโนเคริ่นกุ すのーけりんぐ
คุรูจินกุ くるーじんぐ
ซันโก โช さんごしょう
บานานะ โบโตะ ばななぼーと
เจ็ตโตะ โบโตะ じぇっとぼーと
ซาคานะ さかな
โคอิ ชิซึ こういしつ
มิซุกิ みずぎ
โกกุรุ ごーぐる
ฮิยาเกะ โดเมะ ひやけどめ
มุชิ โยเคะ むしよけ
คิวเม โดอิ きゅうめいどうい
อุคิวะ うきわ

文章でも覚えよう!

スノーケリングをした事(こと)がありますか?

เคยดำน้ำไหม (K)

クーイ ダム ナーム マイ (K)

khəəy dam náam mái (k)

ซุโนเคริ่นกุโวะชิทาโคโตะกะอะริมัสสุกะ

日焼(ひや)け止(ど)めを持(も)っていますか?

มียาทากันแดดไหม (K)

ミー ヤー ター カン デート マイ (K)

mii yaa thaa kan dɛ̀ɛt mái (k)

ฮิยาเคโดเมโวะโมตเตะอิมัสสุกะ

パラソルはどこで借(か)りますか?

ขอยืมร่มชูชีพได้ที่ไหน (K)

コー ユーム ロム チューチープ ダイ ティー ナイ (K)

khɔ̌ɔ yʉʉm rôm chuuchîip dâi thîi năi (k)

พาราโซรุวะโดโคเดะคาริมัสสุกะ

更衣室(こういしつ)はどこですか?

ห้องเปลี่ยนเสื้อผ้าอยู่ที่ไหน (K)

ホン プリーアン スーア パー ユー ティー ナイ (K)

hɔ̂ŋ plìian sʉ̂ʉa phâa yùu thîi năi (k)

โคอิชิซึวะโดโคะเดสุกะ

เพลิดเพลิน

タイ式マッサージ นวดแผนโบราณ

日本語	ローマ字/カナ読み	タイ語
□全身マッサージ	nûat ヌアット	นวด
□足裏マッサージ	nûat tháau ヌアット ターオ	นวดเท้า
□フェイシャルマッサージ	nûat nâa ヌアット ナー	นวดหน้า
□出張マッサージ	pai nûat nɔ̂ɔk sathǎan thîi パイ ヌアット ノーク サターン ティー	ไปนวดนอกสถานที่
□コース	khɔ́ɔs コース	คอร์ส
□所要時間	chái weelaa チャイ ウェーラー	ใช้เวลา
□料金	raa khaa ラー カー	ราคา
□着替える	plìian chút プリーアン チュット	เปลี่ยนชุด
□仰むけ	nɔɔn ŋǎay ノーン ガーイ	นอนหงาย
□うつ伏せ	nɔɔn khwâm ノーン クワム	นอนคว่ำ
□痛い	cèp チェップ	เจ็บ
□痛くない	mâi cèp マイ チェップ	ไม่เจ็บ
□寒い	nǎaw ナーウ	หนาว
□気持ちいい	sabaay サバーイ	สบาย
□肩こり	mɯ̂ɯay lài ムーアイ ライ	เมื่อยไหล่
□腰痛	pùat lǎŋ プアット ラン	ปวดหลัง
□強く	rɛɛŋ レーン	แรง
□弱く	khɔ̂y コイ	ค่อย
□ちょうどいい	kamlaŋ dii カムラン ディー	กำลังดี
□上手	kèŋ ケン	เก่ง

文章でも覚えよう！

ภาษาญี่ปุ่น (タイ人用)
เซนชิน มัซซาจิ ぜんしんまっさーじ
อะชิอุระ มัซซาจิ あしうらまっさーじ
เฟซารุ มัซซาจิ ふぇいしゃるまっさーじ
ชุจโจ มัซซาจิ しゅっちょうまっさーじ
โคซุ こーす
โชโย จิคัน しょようじかん
เรียวคิน りょうきん
คิกาเอรุ きがえる
อะโอมุเคะ あおむけ
อุซึบุเซะ うつぶせ
อิไต いたい
อิตาคุไน いたくない
ซามุย さむい
คิโมจิ อี きもちいい
คาตาโคริ かたこり
โยซู ようつう
ซึโยคุ つよく
โยวาคุ よわく
โจโดะ อี ちょうどいい
โจซุ じょうず

マッサージは何時間(なんじかん)ですか?

นวดใช้เวลากี่ชั่วโมง (K)

ヌアット　チャイ　ウェーラー　キー　チュアモーン (K)

nûat chái weelaa kìi chûamooŋ (k)

มัซซาจิวะนันจิคันเดสุกะ

首(くび)と肩(かた)のこりがひどい。

คอกับไหล่เมื่อยมาก (K)

コー　カップ　ライ　ムーアイ　マーク (K)

khɔɔ kàp lài mûway mâak (k)

คุบิโตะคาตาโนะโคริกะฮิโดย

首(くび)と肩(かた)を重点的(じゅうてんてき)に押(お)して下(くだ)さい。

เน้นนวดคอกับไหล่ (K)

ネン　ヌアット　コー　カップ　ライ (K)

nén nûat khɔɔ kàp lài (k)

คุบิโตะคาตาโวะจูเทนเทคินิโอชิเตะคุดาไซ

もっと強(つよ)く押(お)して下(くだ)さい。

ช่วยนวดแรงกว่านี้ (K)

チュアイ　ヌアット　レーン　クワー　ニー (K)

chûay nûat rɛɛŋ kwàa níi (k)

โมตโตะซึโยคุโอชิเตะคุดาไซ

エステ&スパ เอสเต้และสปา

日本語	ローマ字/カナ読み	タイ語
□ エステ	éstêe エッステー	เอสเต้
□ スパ	sapaa サパー	สปา
□ ボディマッサージ	nûat tua ヌアット トゥア	นวดตัว
□ フェイシャルトリートメント	bamruŋ nâa バムルン ナー	บำรุงหน้า
□ スクラブマッサージ	nûat sakhráp ヌアット サクラップ	นวดสครับ
□ フットトリートメント	fút thríit mén フット トリート メン	ฟุตทรีทเมนท์
□ アロマオイル	aroomaa ɔɔy アローマー オーイ	อโรมาออยล์
□ スチームサウナ	òp aináam オップ アイナーム	อบไอน้ำ
□ 種類	chaníṭ チャニット	ชนิด
□ 脱毛	thɔ̌ɔn khǒn トーン コン	ถอนขน
□ マニキュア	thaa lép ター レップ	ทาเล็บ
□ ペディキュア	thaa lép tháau ター レップ ターオ	ทาเล็บเท้า
□ メイクアップ	tɛ̀ŋ nâa テン ナー	แต่งหน้า
□ ハチミツ	nám phɯ̂ŋ ナム プン	น้ำผึ้ง
□ 泥	khloon クローン	โคลน
□ 海藻	sǎaràay サーラーイ	สาหร่าย
□ ハーブ	samǔn phrai サムン プライ	สมุนไพร
□ ローション	loochân ローチャン	โลชั่น
□ チケット	tǔua トゥーア	ตั๋ว
□ コース	khɔ́ɔs コース	คอร์ส

文章でも覚えよう！

ภาษาญี่ปุ่น (タイ人用)
เอซุเตะ えすて
ซุปะ すぱ
บอดี มัซซาจิ ぼでぃまっさーじ
เฟซารุ โตรีโตเมนโตะ ふぇいしゃるとりーとめんと
ซุคุราบุ มัซซาจิ すくらぶまっさーじ
ฟุตโตะ โตรีโตเมนโตะ ふっととりーとめんと
อโรมา โออิรุ あろまおいる
ซุจีมุ ซาอุนะ すちーむさうな
ซุรุย しゅるい
ดาซึโม だつもう
มะนิคิวอะ まにきゅあ
เพดิคิวอะ ぺでぃきゅあ
เมคุ อัปปุ めいくあっぷ
ฮาจิมิซึ はちみつ
โดโระ どろ
ไคโซ かいそう
ฮาบุ はーぶ
โรชอน ろーしょん
จิเก็ตโตะ ちけっと
โคซุ こーす

おすすめのエステはどこですか？

เอสเต้ที่แนะนำอยู่ที่ไหน (K)

エッステー　ティー　ネナム　ユー　ティー　ナイ (K)

éstêe thîi nɛ́nam yùu thîi nǎi (k)

โอซุซุเมะโนะเอซุเตะวะโดโคะเดสุกะ

コースは何(なに)がありますか？

มีคอร์สอะไรบ้าง (K)

ミー　コース　アライ　バーン (K)

mii khɔ́ɔs arai bâaŋ (k)

โคซุวะนะนิกะอะริมัสสุกะ

日本人(にほんじん)に人気(にんき)のコースはどれですか？

คนญี่ปุ่นนิยมคอร์สไหน (K)

コン　イープン　ニヨム　コース　ナイ (K)

khon yîipùn níyom khɔ́ɔs nǎi (k)

นิฮนจินนินินคิโนะโคซุวะโดเระเดสุกะ

チケットで買(か)うとお得(とく)です。

ซื้อเป็นตั๋วคุ้มกว่า (K)

スー　ペン　トゥーア　クム　クワー (K)

sɯ́ɯ pen tǔua khúm kwàa (k)

จิเก็ตโตะเดะคาอุโตะโอโตคุเดสุ

スポーツ กีฬา

日本語	ローマ字/カナ読み	タイ語
□ ムエタイ	muay thai ムアイ タイ	มวยไทย
□ セパタクロー	takrɔ̂ɔ タクロー	ตะกร้อ
□ 相撲	suumôo スーモー	ซูโม่
□ 柔道	yuudoo ユードー	ยูโด
□ 空手	khaaraatêe カーラーテー	คาราเต้
□ 剣道	khendôo ケンドー	เคนโด้
□ 競馬	khɛ̀ŋmáa ケンマー	แข่งม้า
□ サッカー	fút bɔn フット ボン	ฟุตบอล
□ バドミントン	bɛ̀tmintân ベットミンタン	แบดมินตัน
□ 野球	bés bɔn ベッス ボン	เบสบอล
□ バスケットボール	báaskét bɔn バースケット ボン	บาสเก็ตบอล
□ バレーボール	wɔnlêe bɔn ウォンレー ボン	วอลเล่ย์บอล
□ テニス	thennís テンニッス	เทนนิส
□ 水泳	wâay náam ワーイ ナーム	ว่ายน้ำ
□ ホッケー	hɔ́kkîi ホックキー	ฮอกกี้
□ アイスホッケー	hɔ́kkîi námkhɛ̌ŋ ホックキー ナムケン	ฮอกกี้น้ำแข็ง
□ ビリヤード	binlîiat ビンリーアット	บิลเลียด
□ 卓球	piŋpɔŋ ピンポン	ปิงปอง
□ ラグビー	rákbîi ラックビー	รักบี้
□ スキー	sakii サキー	สกี

文章でも覚えよう！

ภาษาญี่ปุ่น (タイ人用)

มุเอไต
むえたい

เซปาตะคุโร
せぱたくろー

ซุโม
すもう

จูโด
じゅうどう

คาราเตะ
からて

เค็นโด
けんどう

เคบะ
けいば

ซักกา
さっかー

บะโดมินตน
ばどみんとん

ยะคิว
やきゅう

บาซุเค็ตโตะ โบรุ
ばすけっとぼーる

บาเร โบรุ
ばれーぼーる

เทนิซุ
てにす

ซุยเอ
すいえい

ฮกเก
ほっけー

ไอซุ ฮกเก
あいすほっけー

บิริยาโดะ
びりやーど

ทัคคิว
たっきゅう

ระกุบิ
らぐびー

ซุคี
すきー

日本(にほん)でもムエタイは有名(ゆうめい)です。

แม้แต่ที่ญี่ปุ่นมวยไทยก็มีชื่อ (K)

メーテー　ティー　イープン　ムアイタイ　コー　ミー　チュー (K)

mɛ́ɛtɛ̀ɛ thîi yîipùn muaythai kɔ̂ɔ mii chɯ̂ɯ (k)

นิฮนเดโมะมูเอไทวะยูเมเดสุ

日本(にほん)の国技(こくぎ)は相撲(すもう)です。

กีฬาประจำชาติของญี่ปุ่นคือซูโม่ (K)

キーラー プラチャム チャート コーン イープン クー スーモー (K)

kiilaa pràcam châat khɔ̌ɔŋ yîipùn khɯɯ suumôo (k)

นิฮนโนะโคคุกิวะซุโมเดสุ

私(わたし)は水泳(すいえい)ができます。

ผม / ดิฉันว่ายน้ำเป็น (K)

ポム / ディチャン　ワーイ　ナーム　ペン (K)

phǒm / dichán wâay náam pen (k)

วาตาชิวะซุยเอกะเดคิมัสสุ

スキーはした事(こと)がありますか？

เคยเล่นสกีไหม (K)

クーイ　レン　サキー　マイ (K)

khəəy lên sakii mái (k)

ซุคีวะชิตาโคโตะกะอะริมัสสุกะ

ゴルフに行く ไปเล่นกอล์ฟ

日本語	ローマ字/カナ読み	タイ語
□ゴルフ	kɔ́f コッフ	กอล์ฟ
□ゴルフボール	lûuk kɔ́f ルーク コッフ	ลูกกอล์ฟ
□ドライバー	dáiwə̂ə ダイウー	ไดร์เวอร์
□アイアン	chút lèk チュット レック	ชุดเหล็ก
□パター	pháttə̂ə パットトゥー	พัตเตอร์
□キャディー	khɛ́tdîi ケットディー	แคดดี้
□1番ホール	lǔm nùŋ ルム ヌン	หลุม 1
□グリーン	kriin クリーン	กรีน
□フェアウェイ	fɛɛ wee フェー ウェー	แฟร์เวย์
□ラフ	tii khâu pai nai phoŋyâa ティー カオ パイ ナイ ポンヤー	ตีเข้าไปในพงหญ้า
□ナイスショット	náis chɔ́t ナイス チョット	ไน้ซ์ช็อต
□ホールインワン	hoon in wan ホーン イン ワン	โฮลอินวัน
□イーグル	iikə̂n イークン	อีเกิ้ล
□パー	phaa パー	พาร์
□ボギー	bookîi ボーキー	โบกี้
□バーディー	bəədîi ブーディー	เบอร์ดี้
□スコア	sakɔɔ サコー	สกอร์
□ゴルフシューズ	kɔ́f chuu コッフ チュー	กอล์ฟชูส์
□ゴルフウェア	kɔ́f wɛɛ コッフ ウェー	กอล์ฟแวร์
□グローブ	thǔŋ mɯɯ トゥン ムー	ถุงมือ

ภาษาญี่ปุ่น (タイ人用)

โกรฺฟุ
ごるふ

โกรฺฟุ โบรุ
ごふるぼーる

โดไรบา
どらいばー

ไออัน
あいあん

ปาตา
ぱたー

เคียะดี
きゃでぃー

อิจิบัง โฮรุ
いちばんほーる

กุรีน
ぐりーん

แฟอะเว
ふぇあうぇい

ระฟุ
らふ

ไนซุ ชตโตะ
ないすしょっと

โฮรุ อินวัน
ほーるいんわん

อีกุรุ
いーぐる

ปา
ぱー

โบกี
ぼぎー

บาดี
ばーでぃー

ซุโกอา
すこあ

โกรฺฟุ ชูซุ
ごるふしゅーず

โกรฺฟุ วีอา
ごるふうぇあ

กุโรบุ
ぐろーぶ

文章でも覚えよう!

ゴルフはした事(こと)ありますか?

เคยเล่นกอล์ฟไหม (K)

クーイ　レン　コッフ　マイ (K)

khəəy lên kɔ́f mái (k)

โกรฺฟุวะชิตะโคโตะกะอะริมัสสุกะ

5番(ごばん)アイアンを使(つか)います。

ใช้ชุดเหล็กเบอร์ 5 (K)

チャイ　チュット　レック　ブー　ハー (K)

chái chút lèk bəə hâa (k)

โกบันไออันโวะซึไคมัสสุ

もう1周(いっしゅう)まわりますか?

เล่นอีกรอบไหม (K)

レン　イーク　ロープ　マイ (K)

lên ìik rɔ̂ɔp mái (k)

โมอิชชูมาวาริมัสสุกะ

私(わたし)はホールインワンの経験(けいけん)があります。

ผม / ดิฉันเคยตีโฮลอินวัน (K)

ポム / ディチャン　クーイ　ティー　ホーン　イン　ワン (K)

phǒm / dichán khəəy tii hoon in wan (k)

วาตาชิวะโฮรุอินวันโนะเคเคนกะอะริมัสสุ

お酒　เหล้า

日本語	ローマ字/カナ読み	タイ語
□ ビール	biia ビーア	เบียร์
□ シンハビール	biia sǐŋ ビーア シン	เบียร์สิงห์
□ ビアチャーン	biia cháaŋ ビーア チャーン	เบียร์ช้าง
□ クロスタービール	biia khlɔ́stə̂ə ビーア クロストゥー	เบียร์คลอสเตอร์
□ レオ	liioo リーオー	ลีโอ
□ 焼酎	lâu khǎaw ラオ カーウ	เหล้าขาว
□ カクテル	khɔ́kthel コックテウ	ค็อกเท็ล
□ ウィスキー	wísakîi ウィサキー	วิสกี้
□ ストレート	phiiaw ピーアウ	เพียว
□ 水割り	phasǒm náam パソム ナーム	ผสมน้ำ
□ ソーダ割り	phasǒm soodaa パソム ソーダー	ผสมโซดา
□ メコン	mɛ̂ɛkhǒoŋ メーコーン	แม่โขง
□ 日本酒	lâu sǎakee ラオ サーケー	เหล้าสาเก
□ ブランデー	baràndii バランディー	บรั่นดี
□ ジン	cin チン	จิน
□ ウォッカ	wɔ́kkâa ウォックカー	ว๊อดก้า
□ ワイン	wai ワイ	ไวน์
□ 酔っ払う	mau マオ	เมา
□ 二日酔い	mau kháaŋ マオ カーン	เมาค้าง
□ 気持ち悪い	mâi sabaay マイ サバーイ	ไม่สบาย

遊ぶ・癒す

130

ภาษาญี่ปุ่น (タイ人用)

บีรุ
びーる

ชินฮะ บีรุ
しんはびーる

เบีย ช้าน
びあちゃん

คุโรซุตา บีรุ
くろすたーびーる

เลโอะ
れお

โชจู
しょうちゅう

คาคุเตรุ
かくてる

วิซุกี
うぃすきー

ซุโตเรโตะ
すとれーと

มิซุ วาริ
みずわり

โซดา วาริ
そーだわり

เมโคน
めこん

นิฮอนชุ
にほんしゅ

บุรันดี
ぶらんでー

จิน
じん

วอคคะ
うぉっか

วาอิน
わいん

ยบปาราอุ
よっぱらう

ฟุซึกะ โยย
ふつかよい

คิโมจิ วารุย
きもちわるい

文章でも覚えよう！

ビールは好きですか？

ชอบเบียร์ไหม (K)

チョープ　ビーア　マイ (K)

chɔ̂ɔp biia mái (k)

บีรุวะซุคิเดสุกะ

シンハビール3本ください。

ขอเบียร์3ขวด (K)

コー　ビーア　シン　サーム　クアット (K)

khɔ̌ɔ biia sǐŋ sǎam khùat (k)

บีรุซานบนคุดาไซ

今日は二日酔いで辛いです。

วันนี้ยังเมาค้างรู้สึกไม่สบาย (K)

ワン　ニー　ヤン　マオ　カーン　ルースック　マイ　サバーイ (K)

wan níi yaŋ mau kháaŋ rúusùk mâi sabaay (k)

เคียววะฟุซึคาโยยเดะซึไรเดสุ

日本酒は飲めますか？

กินเหล้าสาเกเป็นไหม (K)

キン　ラオ　サーケー　ペン　マイ (K)

kin lâu sǎakee pen mái (k)

นิฮนชุวะโนเมมัสซุกะ

生活用品 ความเป็นอยู่

日本語	ローマ字/カナ読み	タイ語
□ 歯ブラシ	prɛɛŋ sǐi fan プレーン シー ファン	แปรงสีฟัน
□ 歯磨き粉	yaa sǐi fan ヤー シー ファン	ยาสีฟัน
□ タオル	phâa khǒn nǔu パー コン ヌー	ผ้าขนหนู
□ 石鹸	sabùu サブー	สบู่
□ シャンプー	chɛmphuu チェムプー	แชมพู
□ リンス	khriim nûat phǒm クリーム ヌアット ポム	ครีมนวดผม
□ タバコ	burìi ブリー	บุหรี่
□ 灰皿	thîi khìa burìi ティー キア ブリー	ที่เขี่ยบุหรี่
□ ライター	fai chɛ́k ファイ チェック	ไฟแช็ค
□ マッチ	mái khìit マイ キート	ไม้ขีด
□ 化粧品	khrɯ̂waŋ sǎmaaŋ クルーアン サムアーン	เครื่องสำอาง
□ 爪切り	thîi tàt lép ティー タット レップ	ที่ตัดเล็บ
□ 腕時計	naalikaa khɔ̂ɔmɯɯ ナーリカー コームー	นาฬิกาข้อมือ
□ メガネ	wɛ̂n taa ウェン ター	แว่นตาดำน้ำ
□ コンタクトレンズ	khɔnthɛ̀k len コンテック レン	คอนแทคเลนส์
□ トイレットペーパー	kradàat chamrá クラダート チャムラ	กระดาษชำระ
□ ティッシュ	kradàat thítchûu クラダート ティットチュー	กระดาษทิชชู
□ くし	wǐi ウィー	หวี
□ カミソリ	mîit koon ミート コーン	มีดโกน
□ 電気シェーバー	khrɯ̂waŋ koonnùat クルーアン コーンヌアット	เครื่องโกนหนวด

ภาษาญี่ปุ่น（タイ人用）

ฮาบุราชิ
はぶらし

ฮามิกะคิ โคะ
はみがきこ

ทาโอรุ
たおる

เซ็คเค็ง
せっけん

ชันปู
しゃんぷー

รินซุ
りんす

ทาบาโกะ
たばこ

ไฮซาระ
はいざら

ไรตา
らいたー

มัจจิ
まっち

เคโช ฮิน
けしょうひん

ซึเมคิริ
つめきり

อุเดะ โดเค
うでどけい

เมกาเนะ
めがね

คอนทาคุโต เรนซุ
こんたくとれんず

โตอิเรตโตะ เปปา
といれっとぺーぱー

ทิดชุ
ていっしゅ

คุชิ
くし

คามิโซริ
かみそり

เดนคิ เชบา
でんきしぇーばー

文章でも覚えよう！

タバコは吸（す）いますか？

สูบบุหรี่ไหม (K)

スープ　ブリー　マイ (K)

sùup burìi mái (k)

ทาบาโกวะซุอิมัสสุกะ

灰皿（はいざら）を下（くだ）さい。

ขอที่เขี่ยบุหรี่ (K)

コー　ティー　キア　ブリー (K)

khɔ̌ɔ thîi khìa burìi (k)

ไฮซาราโวะคุดาไซ

ティッシュはありますか？

มีทิชชูไหม (K)

ミー　ティットチュー　マイ (K)

mii thítchûu mái (k)

ทิชชุวะอะริมัสสุกะ

コンタクトレンズはどこで買（か）えますか？

คอนแทคเลนส์ซื้อได้ที่ไหน (K)

コンテック　レーン　スー　ダイ　ティー　ナイ (K)

khɔntɛ̀k leen sɯ́ɯ dâi thîi nǎi (k)

โคนตาคุโตะเรนซุวะโดโคะเดะคาเอมัสสุกะ

電化製品 เครื่องใช้ไฟฟ้า

日本語	ローマ字/カナ読み	タイ語
□ テレビ	thiiwii ティーウィー	ทีวี
□ ラジオ	wíthayú ウィタユ	วิทยุ
□ ビデオ	wiidiioo ウィーディーオー	วีดีโอ
□ ステレオ	satəərioo サトゥーリオー	สเตอริโอ
□ ラジカセ	wíthayú théep ウィタユ テープ	วิทยุเทป
□ 電子レンジ	maikhroo wéep マイクロー ウェープ	ไมโครเวฟ
□ 扇風機	phátlom パットロム	พัดลม
□ エアコン	ɛɛ エー	แอร์
□ ドライヤー	khrɯ̂ɯaŋ pàu phǒm クルーアン パオ ポム	เครื่องเป่าผม
□ ウォークマン	sau báu サオ バオ	เซาว์เบาว์
□ CD	siidii シーディー	ซีดี
□ レコード	phɛ̀n sǐiaŋ ペン シーアン	แผ่นเสียง
□ カセットテープ	théep テープ	เทป
□ 照明	fai sɔ̀ŋ ファイ ソン	ไฟส่อง
□ 電気スタンド	fai tâŋ tó ファイ タン ト	ไฟตั้งโต๊ะ
□ 変圧器	khrɯ̂ɯaŋ plɛɛŋ fai クルーアン プレーン ファイ	เครื่องแปลงไฟ
□ 時計	naalikaa ナーリカー	นาฬิกาข้อมือ
□ 計算機	khrɯ̂ɯaŋ khítlêek クルーアン キットレーク	เครื่องคิดเลข
□ コード	sǎay fai サーイ ファイ	สายไฟ
□ リモコン	riimòot リーモート	รีโมท

ภาษาญี่ปุ่น (タイ人用)
เทเรบิ てれび
ราจิโอะ らじお
บิเดะโอะ びでお
ซุเตเรโอ すてれお
ราจิคาเซะ らじかせ
เดนชิ เรนจิ でんしれんじ
เซ็นปูคิ せんぷうき
เออาคน えあこん
โดไรยา どらいやー
โวคุมัน うぉーくまん
ซีดี しーでぃー
เรโคโด れこーど
คาเซ็ตโตะ เทปุ かせっとてーぷ
โชเม しょうめい
เด็นคิ ซุตันโดะ でんきすたんど
เฮ็น อะซึกิ へんあつき
โตเค とけい
เคซันคิ けいさんき
โคโดะ こーど
ริโมคอน りもこん

文章でも覚えよう!

タイのテレビ番組(ばんぐみ)を視(み)たいです。

อยากดูรายการของไทย (K)

ヤーク ドゥー ラーイカーン コーン タイ (K)

yàak duu raaykaan khɔ̌ɔŋ thai (k)

ไทโนะเทเรบิบันกุมิโวะมิไทเดสุ

タイのCD(しーでぃー)を買(か)いたいです。

อยากซื้อซีดีของไทย (K)

ヤーク スー シーディー コーン タイ (K)

yàak sɯ́ɯ siidii khɔ̌ɔŋ thai (k)

ไทโนะซีดีโวะไคไตเดสุ

タイ文字(もじ)の時計(とけい)はどこで買(か)えますか?

นาฬิกาที่หน้าปัดเป็นตัวเลขไทยซื้อได้ที่ไหน (K)

ナーリカー ティー ナー パット ペン トゥアレーク タイ スー ダイ ティー ナイ (K)

naahlíkaa tîi nâa pàt pen tuualêek thai sɯ́ɯ dâi thîi nǎi (k)

ไทโมจิโนะโทเคอิวะโดโคเดะคาเอมัสสุกะ

変圧器(へんあつき)はどこで売(う)っていますか?

เครื่องแปลงไฟขายที่ไหน (K)

クルーアン プレーン ファイ カーイ ティー ナイ (K)

khrɯ̂ɯaŋ plɛɛŋ fai khǎay thîi nǎi (k)

เฮนอะซึกิวะโดโคเดะอุตเตะอิมัสสุกะ

身じたくをする แต่งตัว

日本語	ローマ字/カナ読み	タイ語
□ シャワーを浴びる	àap náam アープ ナーム	อาบน้ำ
□ 湯船につかる	chɛ̂ɛ náam nai àaŋ チェー ナーム ナイ アーン	แช่น้ำในอ่าง
□ 顔を洗う	láaŋ nâa ラーン ナー	ล้างหน้า
□ 手を洗う	láaŋ mɯɯ ラーン ムー	ล้างมือ
□ 歯をみがく	prɛɛŋ fan プレーン ファン	แปรงฟัน
□ うがいをする	klûa khɔɔ クルア コー	กลั้วคอ
□ 爪を切る	tàt lép タット レップ	ตัดเล็บ
□ 髪をとかす	wǐi phǒm ウィー ポム	หวีผม
□ 化粧をする	tɛ̀ŋ nâa テン ナー	แต่งหน้า
□ ひげをそる	koon nùat コーン ヌアット	โกนหนวด
□ アイロンをかける	rîit phâa リート パー	รีดผ้า
□ 靴をみがく	khàt rɔɔŋ tháau カット ローン ターオ	ขัดรองเท้า
□ 靴を履く	sài rɔɔŋ tháau サイ ローン ターオ	ใส่รองเท้า
□ 着替える	plìian sɯ̂ɯaphâa プリーアン スーアパー	เปลี่ยนเสื้อผ้า
□ スーツを着る	sài sùut サイ スート	ใส่สูท
□ Tシャツを着る	sài sɯ̂ɯa yɯ̂ɯt サイ スーア ユート	ใส่เสื้อยืด
□ 帽子をかぶる	sài mùak サイ ムアック	ใส่หมวก
□ ピアスをつける	sài tûmhǔu サイ トゥムフー	ใส่ตุ้มหู
□ 指輪をつける	sài wɛ̌ɛn サイ ウェーン	ใส่แหวน
□ ドレスアップする	tɛ̀ŋ tua hâi sǔay テン トゥア ハイ スアイ	แต่งตัวให้สวย

暮らす

ภาษาญี่ปุ่น (タイ人用)

ชาวาโวะ อะบิรุ
しゃわーをあびる

ยุบุเนนิ ซึคารุ
ゆぶねにつかる

คาโอะ โวะ อาระอุ
かおをあらう

เทะโวะ อาระอุ
てをあらう

ฮะโวะ มิกาคุ
はをみがく

อุไกโวะ ซุรุ
うがいをする

ซึเมโวะ คิรุ
つめをきる

คามิโวะ โทคาซุ
かみをとかす

เคโชโวะ ซุรุ
けしょうをする

ฮิเกโวะ โซรุ
ひげをそる

ไอรอนโวะ คาเครุ
あいろんをかける

คุซึโวะ มิกาคุ
くつをみがく

คุซึโวะ ฮาคุ
くつをはく

คิกาเอรุ
きがえる

ซูซึโวะ คิรุ
すーつをきる

ทีชาซึโวะ คิรุ
てぃーしゃつをきる

โบชิโวะ คาบุรุ
ぼうしをかぶる

เปียซุโวะ ซึเครุ
ぴあすをつける

ยุบิวะโวะ ซึเครุ
ゆびわをつける

โดเรซุอัปปุ ซุรุ
どれすあっぷする

文章でも覚えよう！

1日(いちにち)にシャワーは何回(なんかい)浴(あ)びますか？

อาบน้ำวันละกี่ครั้ง (K)

アープナーム　ワン　ラ　キー　クラン (K)

àapnáam wan lá kìi khráŋ (k)

อิจินิจินิชาวาวะนันไคอาบิมัสสุกะ

うがいを忘(わす)れてはいけません。

อย่าลืมกลั้วคอ (K)

ヤー　ルーム　クルア　コー (K)

yàa lɯɯm klûa khɔɔ (k)

อุไกโวะวาซุเรเตวะอิเคมาเซน

着替(きが)えをするので、少(すこ)し待(ま)って下(くだ)さい。

จะเปลี่ยนเสื้อช่วยรอหน่อย (K)

チャ　プリーアン　スーア　チュアイ　ロー　ノイ (K)

cà plìian sɯ̂ɯa chûay rɔɔ nɔ̀y (k)

คิกาเอะโวะซุรุโนเดะซุโคชิมัตเตะคุดาไซ

ドレスアップしてパーティーに行(い)きます。

แต่งตัวให้สวยเพื่อไปงานปาร์ตี้ (K)

テン　トゥア　ハイ　スアイ　プーア　パイ　ガーン　パーティー (K)

tɛ̀ŋ tua hâi sǔay phɯ̂ɯa pai ŋaan paatîi (k)

โดเรซุอัพปุชิเตะพาทีนิอิคิมัสสุ

身のまわりの小物 เครื่องประดับ

日本語	ローマ字/カナ読み	タイ語
□ 財布	kràpǎu taŋ クラパオ タン	กระเป๋าตังค์
□ 指輪	wɛ̌ɛn ウェーン	แหวน
□ イヤリング	tûm hǔu トゥム フー	ตุ้มหู
□ ネックレス	sɔ̂ykhɔɔ ソイコー	สร้อยคอ
□ ハンカチ	phâa chét nâa パー チェット ナー	ผ้าเช็ดหน้า
□ ベルト	khěm khàt ケム カット	เข็มขัด
□ 帽子	mùak ムアック	หมวก
□ スカーフ	phâa phan khɔɔ パー パン コー	ผ้าพันคอ
□ 鍵	kuncɛɛ クンチェー	กุญแจ
□ 傘	rôm ロム	ร่ม
□ ハンドバッグ	kràpǎu thɯ̌ɯ クラパオ トゥー	กระเป๋าถือ
□ 下着	chút chán nai チュット チャン ナイ	ชุดชั้นใน
□ トランクス	kaaŋ keeŋ nai phûu chaay カーン ケーン ナイ プー チャーイ	กางเกงในผู้ชาย
□ ブリーフ	kaaŋ keeŋ nai phûu chaay カーン ケーン ナイ プー チャーイ	กางเกงในผู้ชาย
□ パンティー	kaaŋ keeŋ nai カーン ケーン ナイ	กางเกงใน
□ ブラジャー	yók soŋ ヨック ソン	ยกทรง
□ 靴下	thǔŋ tháau トゥン ターオ	ถุงเท้า
□ ストッキング	thǔŋ nɔ̂ŋ トゥン ノン	ถุงน่อง
□ 靴	rɔɔŋ tháau ローン ターオ	รองเท้า
□ スリッパ	rɔɔŋ tháau tὲ ローン ターオ テ	รองเท้าแตะ

ภาษาญี่ปุ่น (タイ人用)

ไซฟุ
さいふ

ยุบิวะ
ゆびわ

อิยะรินกุ
いやりんぐ

เนคคุเรซุ
ねっくれす

ฮันคาจิ
はんかち

เบรุโตะ
べると

โบชิ
ぼうし

ซุคาฟุ
すかーふ

คากิ
かぎ

คะซะ
かさ

ฮันโดะ บักกุ
はんどばっぐ

ชิตะกิ
したぎ

โตรันคุซุ
とらんくす

บุรีฟุ
ぶりーふ

ปันตี
ぱんてぃー

บุราจา
ぶらじゃー

คุซึชิตะ
くつした

ซุตกคินกุ
すとっきんぐ

คุซึ
くつ

ซุริปปะ
すりっぱ

文章でも覚えよう!

財布(さいふ)を落(お)としました。

ทำกระเป๋าตังค์หาย (K)
タム　クラパオ　タン　ハーイ (K)
tham kràpǎu taŋ hǎay (k)

ไซฟุโวะโอโตชิมาชิตะ

タイシルクのスカーフを買(か)いたいです。

อยากซื้อผ้าพันคอที่ทำด้วยไหมไทย (K)
ヤーク スー パー パン コー ティー タム ドゥアイ マイ タイ (K)
yàak sɯ́ɯ phâa phan khɔɔ thîi tham dûay mǎi thai (k)

ไทชิรุคุโนะซุคาฟุโวะไคไตเดสุ

傘(かさ)はどこで売(う)っていますか?

ร่มขายที่ไหน (K)
ロム　カーイ　ティー　ナイ (K)
rôm khǎay thîi nǎi (k)

คาซาวะโดโคะเดะอุตเตะอิมัสสุกะ

下着(したぎ)はどこで買(か)えますか?

ชุดชั้นในขายที่ไหน (K)
チュット　チャン　ナイ　カーイ　ティー　ナイ (K)
chút chán nai khǎay thîi nǎi (k)

ชิตากิวะโดโคะเดะคาเอมัสสุกะ

住まいのインテリア แต่งบ้าน

日本語	ローマ字/カナ読み	タイ語
□ テーブル	tó ト	โต๊ะ
□ 椅子	kâuîi カオイー	เก้าอี้
□ ソファー	soofaa ソーファー	โซฟา
□ クッション	bɔ̀ ボ	เบาะ
□ ゴザ	sɯ̀ɯa スーア	เสื่อ
□ カーテン	mâan マーン	ม่าน
□ 絨毯	phrom プロム	พรม
□ 布団	thîi nɔɔn ティー ノーン	ที่นอน
□ 毛布	phâa hòm パー ホム	ผ้าห่ม
□ シーツ	phâa puu thîinɔɔn パープー ティーノーン	ผ้าปูที่นอน
□ 枕	mɔ̌ɔn モーン	หมอน
□ 家具	fəənicə̂ə フーニチュー	เฟอร์นิเจอร์
□ 箪笥	tûu トゥー	ตู้
□ ハンガー	máai khwɛ̌ɛn sɯ̂ɯa マーイ クウェーン スーア	ไม้แขวนเสื้อ
□ 本棚	tûu náŋsɯ̌ɯ トゥー ナンスー	ตู้หนังสือ
□ 机	tó ト	โต๊ะ
□ 仏壇	tó phrá ト プラ	โต๊ะพระ
□ 鏡台	tó khrɯ̂ɯaŋ pɛ̂ɛŋ ト クルーアン ペーン	โต๊ะเครื่องแป้ง
□ ゴミ箱	thǎŋ khayà タン カヤ	ถังขยะ
□ 花瓶	cɛɛkan dɔ̀ɔkmáai チェーカン ドークマーイ	แจกันดอกไม

暮らす

文章でも覚えよう！

ภาษาญี่ปุ่น (タイ人用)

เทบุรุ
てーぶる

อิซุ
いす

โซฟา
そふぁー

คุชโชน
くっしょん

โกซะ
ござ

คาเต็น
かーてん

จูตัน
じゅうたん

ฟุตน
ふとん

โมฟุ
もうふ

ชีซึ
しーつ

มะคุระ
まくら

คะกุ
かぐ

ทันซุ
たんす

ฮันกา
はんがー

ฮนดะนะ
ほんだな

ซึคุเอะ
つくえ

บุซึดัน
ぶつだん

เคียวได
きょうだい

โกะมิบาโคะ
ごみばこ

คาบิน
かびん

インテリアのお店（みせ）はどこですか？

ร้านขายของแต่งบ้านอยู่ที่ไหน (K)
ラーン　カーイ　コーン　テン　バーン　ユー　ティー　ナイ (K)
ráan khǎay khɔ̌ɔŋ tɛ̀ŋ bâan yûu thîi nǎi (k)

อินเตริอาโนะโอมิเซะวะโดโคะเดสุกะ

おしゃれなインテリアが欲（ほ）しいです。

อยากได้ของแต่งบ้านที่สวยๆ (K)
ヤーク　ダイ　コーン　テン　バーン　ティー　スアイ　スアイ (K)
yàak dâi khɔ̌ɔŋ tɛ̀ŋ bâan thîi sǔay sǔay (k)

โอชาเระนะอินเตริอากะโฮชี่เดสุ

家具（かぐ）売（う）り場（ば）はどこですか？

แผนกเฟอร์นิเจอร์อยู่ที่ไหน (K)
パネーク　フーニチュー　ユー　ティー　ナイ (K)
phanɛ̀ɛk fəənicə̂ə yùu thîi nǎi (k)

คากุอุริบะวะโดโคะเดสุกะ

ゴミ箱（ばこ）はどこですか？

ถังขยะอยู่ที่ไหน (K)
タン　カヤ　ユー　ティー　ナイ (K)
thǎŋ khayà yùu thîi nǎi (k)

โกมิบาโควะโดโคะเดสุกะ

台所 ห้องครัว

日本語	ローマ字/カナ読み	タイ語
□ 包丁	mîit ミート	มีด
□ まな板	khǐiaŋ キーアン	เขียง
□ 流し台	àaŋ láaŋ caan アーン ラーン チャーン	อ่างล้างจาน
□ ガスレンジ	tau kɛ́ɛs タオ ケース	เตาแก๊ส
□ 換気扇	krʉ̂ʉwaŋ rabaay aakàat クルーアン ラバーイ アーカート	เครื่องระบายอากาศ
□ 冷蔵庫	tûu yen トゥー イエン	ตู้เย็น
□ 炊飯器	mɔ̂ɔ hǔŋ khâaw モー フン カーウ	หม้อหุงข้าว
□ 鍋	mɔ̂ɔ モー	หม้อ
□ フライパン	krathá クラタ	กระทะ
□ ミキサー	khrʉ̂ʉwaŋ pàn クルーアン パン	เครื่องปั่น
□ 薬缶	kaa náam カー ナーム	กาน้ำ
□ ポット	mɔ̂ɔtôm náam fai fáa モートム ナーム ファイ ファー	หม้อต้มน้ำไฟฟ้า
□ 急須	kaa choŋ chaa カー チョン チャー	กาชงชา
□ 食器	caan chaam チャーン チャーム	จานชาม
□ カップ	thûay トゥアイ	ถ้วย
□ コップ	kɛ̂ɛw ケーウ	แก้ว
□ お盆	thàat タート	ถาด
□ 臼	khrók クロック	ครก
□ 栓抜き	thîi pə̀ət khùat ティー プート クアット	ที่เปิดขวด
□ 瓶	khùat クアット	ขวด

ชีวิตประจำวัน

ภาษาญี่ปุ่น (タイ人用)

โฮโชว	ほうちょう
มะไนตะ	まないた
นะกะชิได	ながしだい
กะซุเรนจิ	がすれんじ
คันคิเซน	かんきせん
เรโซโคะ	れいぞうこ
ซุยฮันคิ	すいはんき
นะเบะ	なべ
ฟุไรพัน	ふらいぱん
มิคิซา	みきさー
ยะคัน	やかん
พอตโตะ	ぽっと
คิวซุ	きゅうす
ชกคิ	しょっき
คัพปุ	かっぷ
คพพุ	こっぷ
โอะบน	おぼん
อุซุ	うす
เซนนุคิ	せんぬき
บิน	びん

文章でも覚えよう！

タイの食器(しょっき)を買(か)いたいです。

อยากซื้อถ้วยชามของไทย (K)
ヤーク　スー　トゥアイ　チャーム　コーン　タイ (K)
yàak súw thûay chaam khɔ̌ɔŋ thai (k)

ไทโนะชกคิโวะไคไตเดสุ

料理(りょうり)はできますか？

ทำอาหารเป็นไหม (K)
タム　アーハーン　ペン　マイ (K)
tham aahǎan pen mái (k)

เรียวริวะเดคิมัสสุกะ

ソムタムを作(つく)るうすを買(か)いたいです。

อยากซื้อครกสำหรับทำส้มตำ (K)
ヤーク　スー　クロック　サムラップ　タム　ソム　タム (K)
yàak súw khrók sǎmràp tham sôm tam (k)

โซมุทามุโวะซึคุรุอุซุโวะไคไตเดสุ

栓抜(せんぬ)きを取(と)って頂(いただ)けますか？

ช่วยหยิบที่เปิดขวดให้หน่อย (K)
チュアイ　イップ　ティー　プート　クアット　ハイ　ノイ (K)
chûay yìp thîi pə̀ət khùat hâi nɔ̀y (k)

เซนนุคิโวะโตตเตะอิทาดาเคะมัสสุกะ

ชีวิตประจำวัน

掃除・洗濯 เครื่องดูดฝุ่นและเครื่องซักผ้า

日本語	ローマ字/カナ読み	タイ語
□ 掃く	kwàat クワート	กวาด
□ はたく	pàt パット	ปัด
□ ほうき	máai kwàat マーイ クワート	ไม้กวาด
□ ちりとり	thîi tàk phǒŋ ティー タック ポン	ที่ตักผง
□ 雑巾	phâa khîi ríw パー キー リウ	ผ้าขี้ริ้ว
□ バケツ	thǎŋ タン	ถัง
□ モップ	máai thǔu phɯ́ɯn マーイ トゥー プーン	ไม้ถูพื้น
□ たわし	prɛɛŋ プレーン	แปรง
□ スポンジ	fɔɔŋ náam フォーン ナーム	ฟองน้ำ
□ 掃除機	khrɯ̂aŋ dùutfùn クルーアン ドゥートフン	เครื่องดูดฝุ่น
□ 洗濯機	khrɯ̂aŋ sákphâa クルーアン サックパー	เครื่องซักผ้า
□ 乾燥機	khrɯ̂aŋ òpphâa クルーアン オップパー	เครื่องอบผ้า
□ 洗剤	phǒŋ sák fɔ̂ɔk ポン サック フォーク	ผงซักฟอก
□ 柔軟材	yaa pràp phâa nûm ヤー プラップ パー ヌム	ยาปรับผ้านุ่ม
□ たらい	kalamaŋ カラマン	กะละมัง
□ ホース	sǎay yaaŋ サーイ ヤーン	สายยาง
□ 洗う	láaŋ ラーン	ล้าง
□ 干す	tàak ターク	ตาก
□ 拭く	chét チェット	เช็ด
□ 磨く	khàt カット	ขัด

暮らす

ภาษาญี่ปุ่น (タイ人用)
ฮะคุ はく
ฮะตะคุ はたく
โฮคิ ほうき
จิริโตะริ ちりとり
โซคิน ぞうきん
บะเคะซึ ばけつ
มพปุ もっぷ
ทะวะชิ たわし
ซุปนจิ すぼんじ
โซจิคิ そうじき
เซนทะคุคิ せんたくき
คันโซคิ かんそうき
เซนไซ せんざい
จูนันไซ じゅうなんざい
ทะไร たらい
โฮซุ ほーす
อะระอุ あらう
โฮะซุ ほす
ฟุคุ ふく
มิกะคุ みがく

文章でも覚えよう!

私(わたし)はキレイ好(ず)きです。

ผม/ดิฉัน ชอบความสะอาด (K)

ポム / ディチャン　チョープ　クワーム　サアート (K)

phǒm / dichán chɔ̂ɔp khwaam saàat (k)

วาตาชิวะคิเรอิซุคิเดสุ

クリーニング屋(や)はどこですか?

ร้านซักแห้งอยู่ไหน (K)

ラーン　サック　ヘーン　ユー　ティー　ナイ (K)

ráan sák hɛ̂ɛŋ yûu thîi nǎi (k)

คุรีนินกุยะวะโดโคะเดสุกะ

洗濯物(せんたくもの) 1kg(いちきろ) いくらですか?

เสื้อผ้าที่จะซักประมาณ 1 กิโลเท่าไร (K)

スーア パー ティー チャ サック プラマーン ヌン キロー タオライ (K)

sʉ̂ʉa phâa thîi cà sák pràmaan nʉ̀ŋ kiloo thâurài (k)

เซนทาคุโมโนะอิจีกิโละอิคุระเดสุกะ

アイロンがけをして下(くだ)さい。

ช่วยรีดด้วยนะ (K)

チュアイ　リート　ドゥアイ　ナ (K)

chûay rîit dûay ná (k)

ไอรนกะเคโวะชิเตะคุดาไซ

電話をかける โทรศัพท์

日本語	ローマ字/カナ読み	タイ語
□電話	thoorasàp トーラサップ	โทรศัพท์
□電話番号	bəə thoorasàp ブー トーラサップ	เบอร์โทรศัพท์
□ファクシミリ	fɛ̀k フェック	แฟ็กซ์
□電話局	oŋkaan thoorasàp オンカーン トーラサップ	องค์การโทรศัพท์
□公衆電話	thoorasàp sǎathaaraná トーラサップ サーターラナ	โทรศัพท์สาธารณะ
□携帯電話	mɯɯthɯ̌ɯ ムートゥー	มือถือ
□内線	sǎay nai サーイ ナイ	สายใน
□外線	sǎay nɔ̂ɔk サーイ ノーク	สายนอก
□長距離電話	thoo thaaŋ klai トー ターン クライ	โทรทางไกล
□国際電話	thoorasàp tàaŋ prathêet トーラサップ ターン プラテート	โทรศัพท์ต่างประเทศ
□交換手	oopəəreetə̂ə オープーレートゥー	โอเปอร์เรเตอร์
□電話をかける	thoo トー	โทร
□電話に出る	ráp thoorasàp ラップ トーラサップ	รับโทรศัพท์
□電話を切る	waaŋ hǔu thoorasàp ワーン フー トーラサップ	วางหูโทรศัพท์
□話し中	kamlaŋ khuy yùu カムラン クイ ユー	กำลังคุยอยู่
□かけ間違える	thoo phìt トー ピット	โทรผิด
□かけ直す	thoo pai mài トー パイ マイ	โทรไปใหม่
□混線	sǎay phan kan サーイ パン カン	สายพันกัน
□つながらない	thoo mâi tìt トー マイ ティット	โทรไม่ติด
□呼び出す	rîiak リーアック	เรียก

文章でも覚えよう！

ภาษาญี่ปุ่น (タイ人用)

เดนวะ
でんわ

เดนวะบังโก
でんわばんごう

ฟาคุชิมิริ
ふぁくしみり

เดนวะเคียวคุ
でんわきょく

โคชูเดนวะ
こうしゅうでんわ

เคไตเดนวะ
けいたいでんわ

ไนเซน
ないせん

ไกเซน
がいせん

โชเคียวริเดนวะ
ちょうきょりでんわ

โคะคุไซเดนวะ
こくさいでんわ

โคคันชุ
こうかんしゅ

เดนวะโวะคาเคะรุ
でんわをかける

เดนวะนิเดะรุ
でんわにでる

เดนวะโวะคิรุ
でんわをきる

ฮะนะชิชู
はなしちゅう

คะเคะมะจิกะเอะรุ
かけまちがえる

คะเคะนะโอะซุ
かけなおす

คนเซน
こんせん

ซึนะกะระไน
つながらない

โยะบิดะซุ
よびだす

電話番号(でんわばんごう)を教(おし)えて頂(いただ)けますか?

ช่วยบอกเบอร์โทรศัพท์หน่อย (K)

チュアイ　ボーク　ブー　トーラサップ　ノイ (K)

chûay bɔ̀ɔk bəə thoorasàp nɔ̀y (k)

เดนวะบันโกโวะโอชิเอเตะอิตาดาเคะมัสสุกะ

電話番号(でんわばんごう)は何番(なんばん)ですか?

เบอร์โทรศัพท์เบอร์อะไร (K)

ブー　トーラサップ　ブー　アライ (K)

bəə thoorasàp bəə arai (k)

เดนวะบันโกวะนันบันเดสุกะ

もしもし、小泉(こいずみ)さんいますか?

ฮัลโหลคุณโคอิซุมิอยู่ไหม (K)

ハンロー　クン　コーイスミ　ユー　マイ (K)

hanlǒo khun khooisumí yùu mái (k)

โมชิโมชิโคอิซุมิซานอิมัสสุกะ

私(わたし)は田中(たなか)と申(もう)します。

ผม / ดิฉันชื่อทานากะ (K)

ポム / ディチャン　チュー　ターナーカ (K)

phǒm / dichán chʉ̂ʉ thaanaaka (k)

วาตาชิวะทานากะโตะโมชิมัสสุ

MP3 -67

郵便 ไปรษณีย์

日本語	ローマ字/カナ読み	タイ語
□ 郵便局	praisanii プライサニー	ไปรษณีย์
□ ポスト	tûu praisanii トゥー プライサニー	ตู้ไปรษณีย์
□ はがき	praisanii yabàt プライサニー ヤバット	ไปรษณียบัตร
□ 手紙	còt mǎay チョット マーイ	จดหมาย
□ 便せん	kradàat khǐian còtmǎay クラダート キーアン チョットマーイ	กระดาษเขียนจดหมาย
□ 封筒	sɔɔŋ ソーン	ซอง
□ 年賀状	sɔ̌ɔ khɔɔ sɔ̌ɔ ソー コー ソー	ส.ค.ส.
□ 切手	satɛɛm サテーム	แสตมป์
□ 速達	sòŋ dùan ソン ドゥアン	ส่งด่วน
□ 書留	loŋ thabiian ロン タビーアン	ลงทะเบียน
□ 航空便	praisanii (thaaŋ) aakàat プライサニー（ターン）アーカート	ไปรษณีย์ (ทาง) อากาศ
□ 船便	praisanii (thaaŋ) rɯɯa プライサニー（ターン）ルーア	ไปรษณีย์ (ทาง) เรือ
□ 小包	phátsadù パットサドゥ	พัสดุ
□ 郵便為替	thanaanát タナーナット	ธนาณัติ
□ 郵便番号	rahàt praisanii ラハット プライサニー	รหัสไปรษณีย์
□ 差出人	phûu sòŋ プー ソン	ผู้ส่ง
□ 受取人	phûu ráp プー ラップ	ผู้รับ
□ 手紙を書く	khǐian còtmǎay キーアン チョットマーイ	เขียนจดหมาย
□ 手紙を出す	sòŋ còtmǎay ソン チョットマーイ	ส่งจดหมาย
□ 手紙を受け取る	ráp còtmǎay ラップ チョットマーイ	รับจดหมาย

ภาษาญี่ปุ่น (タイ人用)
ยูบินเคียวคุ ゆうびんきょく
โพะซุโตะ ぽすと
ฮะกะคิ はがき
เทะกามิ てがみ
บินเซน びんせん
ฟูโต ふうとう
เน็นกาโจ ねんがじょう
คิตเตะ きって
โซะคุทะซึ そくたつ
คะคิโตะเมะ かきとめ
โคคูบิน こうくうびん
ฟุนะบิน ふなびん
โคะซึซึมิ こづつみ
ยูบินคะวะเซะ ゆうびんかわせ
ยูบินบันโกะ ゆうびんばんごう
ซะชิดะชินิน さしだしにん
อุเคะโทะรินิน うけとりにん
เทะกามิโวะคะคุ てがみをかく
เทะกามิโวะดะซุ てがみをだす
เทะกามิโวะอุเคะโตรุ てがみをうけとる

文章でも覚えよう！

郵便局(ゆうびんきょく)はどこにありますか？

ไปรษณีย์อยู่ที่ไหน (K)

プライサニー　ユー　ティー　ナイ (K)

praisanii yùu thîi năi (k)

ยูบินเคียวคุวะโดโคะนิอะริมัสสุกะ

日本(にほん)に手紙(てがみ)を出(だ)したいです。

อยากส่งจดหมายไปที่ญี่ปุ่น (K)

ヤーク　ソン　チョット　マーイ　パイ　ティー　イープン (K)

yàak sòŋ còt mǎay pai thîi yîipùn (k)

นิฮนนิ เทะกะมิโวะ ดะชิไตเดสุ

航空便(こうくうびん)はいくらですか？

ส่งไปรษณีย์ทางอากาศเท่าไร (K)

ソン　プライサニー　ターン　アーカート　タオライ (K)

sòŋ praisanii thaaŋ aakàat thâurài (k)

โคคูบินวะอิคุระเดสุกะ

日本(にほん)にはどのくらいで届(とど)きますか？

ใช้เวลากี่วันจะถึงญี่ปุ่น (K)

チャイ　ウェラー　キー　ワン　チャ　トゥン　イープン (K)

chái weelaa kìi wan cà thʉ̌ŋ yîipùn (k)

นิฮนนิวะ โดะโนะคุไรเดะ โทโดกิมัสสุกะ

銀行 ธนาคาร

日本語	ローマ字/カナ読み	タイ語
□ 銀行	thanaakhaan タナーカーン	ธนาคาร
□ 両替する	lɛ̂ɛk ŋən レーク グン	แลกเงิน
□ お金	ŋən グン	เงิน
□ 現金	ŋən sòt グン ソット	เงินสด
□ 小切手	chék チェック	เช็ค
□ トラベラーズチェック	chék dəən thaaŋ チェック ドゥーン ターン	เช็คเดินทาง
□ 紙幣	thanaa bàt タナー バット	ธนบัตร
□ 硬貨	rǐian リーアン	เหรียญ
□ バーツ	bàat バート	บาท
□ ドル	dɔnlâa ドンラー	ดอลลาร์
□ 円	yeen イェーン	เยน
□ 交換レート	àttraa lɛ̂ɛk plìian アットトラー レーク プリーアン	อัตราแลกเปลี่ยน
□ 振込み	oon ŋən オーン グン	โอนเงิน
□ 送金する	sòŋ ŋən ソン グン	ส่งเงิน
□ 預金	fàak ŋən ファーク グン	ฝากเงิน
□ 引き出し	thɔ̌ɔn ŋən トーン グン	ถอนเงิน
□ 通帳	samùt banchii サムット バンチー	สมุดบัญชี
□ 利子	dɔ̀ɔk bîia ドーク ビーア	ดอกเบี้ย
□ 署名する	sen chɯ̂ɯ セン チュー	เซ็นต์ชื่อ
□ キャッシュカード	bàt eethiiem バット エーティーエム	บัตรเอทีเอ็ม

ภาษาญี่ปุ่น (タイ人用)

กินโค
ぎんこう

เรียวกะเอะซุรุ
りょうがえする

โอะคะเนะ
おかね

เกนคิน
げんきん

โคะกิตเตะ
こぎって

โทะระเบะราซุเชคคุ
とらべらーずちぇっく

ชิเฮ
しへい

โคคะ
こうか

บาซึ
ばーつ

โดะรุ
どる

เอน
えん

โคคันเรโทะ
こうかんれーと

ฟุริโคะมิ
ふりこみ

โซคินซุรุ
そうきんする

โยะคิน
よきん

ฮิคิดะชิ
ひきだし

ซูโจ
つうちょう

ริชิ
りし

โชเมซุรุ
しょめいする

คัซซูคาโดะ
きゃっしゅかーど

文章でも覚えよう！

口座(こうざ)を開(ひら)きたいのですが。

อยากจะเปิดบัญชี (K)
ヤーク　チャ　プート　バンチー (K)
yàak cà pə̀ət banchii (k)
โคซาโวะฮิระคิไตโนะเดสุกะ

両替(りょうがえ)したいのですが。

อยากจะแลกเงิน (K)
ヤーク　チャ　レーク　グン (K)
yàak cà lɛ̂ɛk ŋən (k)
เรียวกาเอะชิไตโนะเดสุกะ

預金(よきん)をしたいのですが。

อยากฝากเงิน (K)
ヤーク　ファーク　グン (K)
yàak fàak ŋən (k)
โยคินโวะชิไตโนะเดสุกะ

千(せん)バーツをくずして頂(いただ)きたいのですが。

ช่วยแตกแบงค์พันให้หน่อย (K)
チュアイ　テーク　ベン　パン　ハイ　ノイ (K)
chûay tɛ̀ɛk bɛ́ŋ phan hâi nɔ̀y (k)
เซนบาซุโวะคุซุชิเตะอิทาดาคิไตโนะเดสุกะ

MP3 -69

車を運転する ขับรถ

日本語	ローマ字/カナ読み	タイ語
□ 自動車	rót yon ロット ヨン	รถยนต์
□ 免許証	bai khàp khìi バイ カップ キー	ใบขับขี่
□ 運転する	khàp rót カップ ロット	ขับรถ
□ 前進する	dəən nâa ドゥーン ナー	เดินหน้า
□ バックする	thɔ̌y lǎŋ トイ ラン	ถอยหลัง
□ 止まる	yùt ユット	หยุด
□ 曲がる	líiaw リーアウ	เลี้ยว
□ Uターンする	klàp rót クラップ ロット	กลับรถ
□ 一方通行	wan wee ワン ウェー	วันเวย์
□ 渋滞	rót tìt ロット ティット	รถติด
□ 交通違反	phìt kòt caracɔɔn ピット コット チャラチョーン	ผิดกฎจราจร
□ 駐車場	thîi cɔ̀ɔt rót ティー チョート ロット	ที่จอดรถ
□ ガソリンスタンド	pám námman パム ナムマン	ปั๊มน้ำมัน
□ 故障する	sǐia シーア	เสีย
□ エンジン	khrɯ̂waŋ yon クルーアン ヨン	เครื่องยนต์
□ ギア	kiia キーア	เกียร์
□ ブレーキ	brèek ブレーク	เบรค
□ ハンドル	phuaŋ maalay プアン マーライ	พวงมาลัย
□ クラクション	trɛɛ トレー	แตร
□ タイヤ	yaaŋ ヤーン	ยาง

暮らす

文章でも覚えよう!

ภาษาญี่ปุ่น (タイ人用)

จิโดชะ
じどうしゃ

เมนเคียวโช
めんきょしょう

อุนเทนซุรุ
うんてんする

เซนชินซุรุ
ぜんしんする

บัคคุซุรุ
ばっくする

โทมารุ
とまる

มะกะรุ
まがる

ยูทานซุรุ
ゆーたーんする

อิปโปซูโค
いっぽうつうこう

จูไต
じゅうたい

โคซูอิฮัน
こうつういはん

ชูชะโจ
ちゅうしゃじょう

กะโชรินซุทันโดะ
がそりんすたんど

โคะโชซุรุ
こしょうする

เอนจิน
えんじん

กิอะ
ぎあ

บุเรกิ
ぶれーき

ฮันโดะรุ
はんどる

คุระคุชน
くらくしょん

ไทยะ
たいや

こくさいめんきょしょう も
国際免許証を持っています。

มีใบขับขี่สากล (K)

ミー　バイ　カップ　キー　サーコン (K)

mii bai khàp khìi săakon (k)

โคคุไซเมนเคียวโชโวะโมตเตะอิมัสสุ

じゅうたい すこ ちこく
渋滞で少し遅刻します。

จะไปสายนิดหน่อยเพราะรถติด (K)

チャ　パイ　サーイ　ニット　ノイ　プロ　ロット　ティット (K)

cà pai săay nít nòy phrɔ́ rót tìt (k)

จูไตเดะซุโคชิจิโคคุชิมัสสุ

ちゅうしゃじょう
駐車場はありますか?

มีที่จอดรถไหม (K)

ミー　ティー　チョート　ロット　マイ (K)

mii thîi cɔ̀ɔt rót mái (k)

ชูชาโจวะอะริมัสสุกะ

ガソリンスタンドはどこですか?

ปั๊มน้ำมันอยู่ที่ไหน (K)

パム　ナムマン　ユー　ティー　ナイ (K)

pám námman yùu thîi năi (k)

กาโชรินซุทันโดวะโดโคะเดสุกะ

パソコン คอมพิวเตอร์

日本語	ローマ字/カナ読み	タイ語
□ パソコン	khɔmphíwtə̂ə コムピウトゥー	คอมพิวเตอร์
□ ノートブック	nóot búk ノート ブック	โน้ตบุ๊ค
□ キーボード	khii bɔ̀ɔt キー ボート	คีย์บอร์ด
□ マウス	máu マオ	เมาท์
□ プリンター	phríntəə プリントゥー	พริ้นท์เตอร์
□ スキャナー	sakɛɛnnə̂ə サケーンヌゥー	สแกนเนอร์
□ デジカメ	klɔ̂ŋ dicitɔ́n クロン ディチトン	กล้องดิจิตอล
□ モデム	moodem モーデム	โมเด็ม
□ フロッピー	phɛ̀n dís ペン ディス	แผ่นดิสก์
□ CD-ROM	phɛ̀n siidii ペン シーディー	แผ่นซีดี
□ DVD	phɛ̀n diiwiidi ペン ディーウィーディー	แผ่นดีวีดี
□ VCD	phɛ̀n wiisiidii ペン ウィーシーディー	แผ่นวีซีดี
□ ウィンドウズ	windôo ウィンドー	วินโดว์
□ マッキントッシュ	mɛ́kinthɔ́t メックイントット	แมคอินทอช
□ 中古パソコン	khɔmphíwtə̂ə mɯɯ sɔ̌ɔŋ コムピウトゥー ムー ソーン	คอมพิวเตอร์มือสอง
□ 日本語ソフト	sɔ́fwɛɛ phaasǎa yîipùn ソッフウェー パーサー イープン	ซอฟต์แวร์ภาษาญี่ปุ่น
□ ハードディスク	háat dís ハート ディス	ฮาร์ดดิสก์
□ CPU	sii phii yuu シー ピー ユー	ซีพียู
□ メモリ	meemmoorîi メーモーリー	เมมโมรี่
□ パンティーププラザ	hâaŋ phanthíp ハーン パンティップ	ห้างพันธ์ทิพย์

暮らす

文章でも覚えよう!

ภาษาญี่ปุ่น (タイ人用)
พะโซะคน ぱそこん
โนโตะบุคคุ のーとぶっく
คีโบโดะ きーぼーど
มะอุซุ まうす
พุรินทา ぷりんたー
ซุเคียะนา すきゃなー
เดะจิคะเมะ でじかめ
โมะเดะมุ もでむ
ฟุรปปี ふろっぴー
ชีดีโรมุ しーでぃーろむ
ดีบีดี でぃーぶいでぃー
บีชีดี ぶいしーでぃー
วินโดซุ うぃんどうず
มัคคินทชชุ まっきんとっしゅ
จูโคะพะโซะคน ちゅうこぱそこん
นิฮนโกะโซฟุโตะ にほんごそふと
ฮาโดะดิซุคุ はーどでぃすく
ชีพียู しーぴーゆー
เมะโมะริ めもり
พันทิพพุ พุราซา ぱんてぃーぷぷらざ

日本語(にほんご)ソフトはありますか?

มีซอฟต์แวร์ภาษาญี่ปุ่นไหม (K)

ミー　ソッフウェー　パーサー　イープン　マイ (K)

mii sɔ́fwɛɛ phaasǎa yîipùn mái (k)

นิฮนโกะโซฟุโทวะอะริมัสสุกะ

タイ語(ご)キーボードはありますか?

คีย์บอร์ดภาษาไทยมีไหม (K)

キー　ボート　パーサー　タイ　ミー　マイ (K)

khii bɔ̀ɔt phaasǎa thai mii mái (k)

ไทโกะคีโบโดวะอะริมัสสุกะ

VCD(ぶいしーでぃー)はどこで売(う)っていますか?

วีซีดีขายที่ไหน (K)

ウィーシーディー　カーイ　ティー　ナイ (K)

wiisiidii khǎay thîi nǎi (k)

บีชีดีวะโดโคะเดะอุตเตะอิมัสสุกะ

パンティーププラザに連(つ)れて行(い)って下(くだ)さい。

ช่วยพาไปพันธ์ทิพย์พลาซ่าหน่อย (K)

チュアイ　パー　パイ　パンティップ　プラーサー　ノイ (K)

chûay phaa pai phanthíp phlaasâa nɔ̀y (k)

พันทิพพุพุลาซะนิ ซึเรเตะ อิทเตะ คุดาไซ

髪を切る ตัดผม

日本語	ローマ字/カナ読み	タイ語
□ 美容院	ráan tham phŏm ラーン タム ポム	ร้านทำผม
□ 髪を切る	tàt phŏm タット ポム	ตัดผม
□ 髪をすく	sɔɔy phŏm ソーイ ポム	ซอยผม
□ ロング	phŏm yaaw ポム ヤーウ	ผมยาว
□ セミロング	phŏm yaaw paan klaaŋ ポム ヤーウ パーン クラーン	ผมยาวปานกลาง
□ ショート	phŏm sân ポム サン	ผมสั้น
□ 天然パーマ	phŏm yàksòok ポム ヤックソーク	ผมหยักโศก
□ カール	rool múan phŏm ローウ ムアン ポム	โรลม้วนผม
□ セット	càt soŋ チャット ソン	จัดทรง
□ パーマをかける	dàt phŏm ダット ポム	ดัดผม
□ ストレートパーマ	yʉ̂ʉt phŏm ユート ポム	ยืดผม
□ 色を入れる	yɔ́ɔm phŏm ヨーム ポム	ย้อมผม
□ ブリーチ	kàt sĭi phŏm カット シー ポム	กัดสีผม
□ 眉毛を整える	kan khíw カン キウ	กันคิ้ว
□ もっと切って	tàt ìik タット イーク	ตัดอีก
□ ワックス	wɛ́ks ウェックス	แวกซ์
□ ムース	múus ムース	มูส
□ ヘアースプレー	sapree chìit phŏm サプレー チート ポム	สเปรย์ฉีดผม
□ くし	wĭi ウィー	หวี
□ ブラシ	prɛɛŋ プレーン	แปรง

ภาษาญี่ปุ่น (タイ人用)

บิโยอิน
びょういん

คะมิโวะคิรุ
かみをきる

คะมิโวะซุคุ
かみをすく

โรนกุ
ろんぐ

เซะมิโรนกุ
せみろんぐ

ชอตโตะ
しょーと

เทนเนนพามะ
てんねんぱーま

คารุ
かーる

เซตโตะ
せっと

พามะโวะคะเคะรุ
ぱーまをかける

ซุโตะเรโตะพามะ
すとれーとぱーま

อิโระโวะอิเระรุ
いろをいれる

บุรีจิ
ぶりーち

มายุเกะโวะโตะโตะโนะเอะรุ
まゆげをととのえる

โมตโตะคิตเตะ
もっときって

วัคคุซุ
わっくす

มูซุ
むーす

เฮะอาซุพุเร
へあーすぷれー

คุชิ
くし

บุระชิ
ぶらし

文章でも覚えよう!

タイでは水曜(すいよう)に髪(かみ)を切(き)ってはいけません。

ที่ไทยห้ามตัดผมวันพุธ (K)

ティー　タイ　ハーム　タット　ポム　ワン　プット (K)

thîi thai hâam tàt phǒm wan phút (k)

ไทเดะวะซุอิโยบินิคามิโวะคิตเตะวะอิเคมาเซน

格好(かっこ)よく切(き)って下(くだ)さい。

ช่วยตัดให้ดูเท่ (K)

チュアイ　タット　ハイ　ドゥー　テー (K)

chûay tàt hâi duu thêe (k)

คัคโคโยคุคิตเตะคุดาไซ

このモデルと一緒(いっしょ)の髪型(かみがた)にしたいです。

ช่วยตัดผมให้เหมือนแบบนี้ด้วย (K)

チュアイ タット ポム ハイ ムーアン ベープ ニー ドゥアイ (K)

chûay tàt phǒm hâi mʉ̌ʉan bɛ̀ɛp níi dûay (k)

โคโนะโมเดรุโตะอิชโชะโนะคามิกาทานิชิไตเดสุ

眉毛(まゆげ)も整(ととの)えて下(くだ)さい。

ช่วยกันคิ้วให้เรียบร้อยด้วย (K)

チュアイ　カン　キウ　ハイ　リーアップ　ローイ　ドゥアイ (K)

chûay kan khíw hâi rîiap rɔ́ɔy dûay (k)

มายุเกโมะโตโตโนเอเตะคุดาไซ

職場 ที่ทำงาน

日本語	ローマ字/カナ読み	タイ語
□ 就職する	khâu thamŋaan カオ タムガーン	เข้าทำงาน
□ 退職する	laa ɔ̀ɔk ラー オーク	ลาออก
□ 月給	ŋən dɯɯan グン ドゥーアン	เงินเดือน
□ ボーナス	boonás ボーナッス	โบนัส
□ 社長	prathaan bɔɔrisàt プラターン ボーリサット	ประธานบริษัท
□ 社員	phanákŋaan bɔɔrisàt パナックガーン ボーリサット	พนักงานบริษัท
□ 書類	èekasǎan エーカサーン	เอกสาร
□ 締め切り	kamnòt sòŋ ŋaan カムノット ソン ガーン	กำหนดส่งงาน
□ 契約する	tham sǎnyaa タム サンヤー	ทำสัญญา
□ 提出する	yɯ̂ɯn ユーン	ยื่น
□ 提案する	sadɛɛŋ khwaam khít hěn サデーン クワーム キット ヘン	แสดงความคิดเห็น
□ 会議する	prachum プラチュム	ประชุม
□ 計画する	waaŋ phɛ̌ɛn ワーン ペーン	วางแผน
□ 同意する	hěn dûay ヘン ドゥアイ	เห็นด้วย
□ 決定する	tàt sǐn cai タット シンチャイ	ตัดสินใจ
□ 許可する	anúyâat アヌヤート	อนุญาต
□ 要求する	rîiak rɔ́ɔŋ リーアック ローン	เรียกร้อง
□ 求職する	hǎa ŋaan ハー ガーン	หางาน
□ 失業する	tòk ŋaan トック ガーン	ตกงาน
□ 昇進する	lɯ̂ɯan tamnɛ̀ŋ ルーアン タムネン	เลื่อนตำแหน่ง

暮らす

ภาษาญี่ปุ่น (タイ人用)

ชูโชะคุซุรุ
しゅうしょくする

ไทโชคุซุรุ
たいしょくする

เกคคิว
げっきゅう

โบนะซุ
ぼーなす

ชะโจ
しゃちょう

ชะอิน
しゃいん

โชะรุย
しょるい

ชิเมะคิริ
しめきり

เคยะคุซุรุ
けいやくする

เทชุซซึซุรุ
ていしゅつする

เทอันซุรุ
ていあんする

ไกคิซุรุ
かいぎする

เคคะคุซุรุ
けいかくする

โดอิซุรุ
どういする

เคตเตซุรุ
けっていする

เคียวคะซุรุ
きょかする

โยคิวซุรุ
ようきゅうする

คิวโชะคุซุรุ
きゅうしょくする

ชิซึเกียวซุรุ
しつぎょうする

โชชินซุรุ
しょうしんする

文章でも覚えよう!

タイで就職(しゅうしょく)したいです。

อยากทำงานที่เมืองไทย (K)

ヤーク　タムガーン　ティー　ムーアン　タイ (K)

yàak thamŋaan thîi mɯɯaŋ thai (k)

ไทเดะชูโชคุชิไตเดสุ

月給(げっきゅう)はいくらですか?

เงินเดือนเท่าไร (K)

グン　ドゥーアン　タオライ (K)

ŋən dɯɯan thâurài (k)

เกคคิววะอิคุระเดสุกะ

今日(きょう)は会議(かいぎ)があります。

วันนี้มีประชุม (K)

ワン　ニー　ミー　プラチュム (K)

wan níi mii prachum (k)

เคียววะไคกิกะอะริมัสสุ

明日(あした)、昇進(しょうしん)します。

พรุ่งนี้เลื่อนตำแหน่ง (K)

プルン　ニー　ルーアン　タムネン (K)

phrûŋ níi lɯ̂ɯan tamnèŋ (k)

อะชิตะโชชินชิมัสสุ

宅配の注文 สั่งอาหาร

日本語	ローマ字/カナ読み	タイ語
□デリバリー	sòŋ maa thʉ̌ŋ thîi ソン マー トゥン ティー	ส่งมาถึงที่
□ピザを注文する	sàŋ phítsâa サン ピッサー	สั่งพิซซ่า
□1枚	nʉ̀ŋ phɛ̀n ヌン ペン	1 แผ่น
□2枚	sɔ̌ɔŋ phɛ̀n ソーン ペン	2 แผ่น
□ハーフ＆ハーフ	yàaŋ lá khrʉ̂ŋ ヤーン ラ クルン	อย่างละครึ่ง
□セット	chút チュット	ชุด
□ピザの厚さ	khwaam nǎa khɔ̌ɔŋ phítsâa クワーム ナー コーン ピッサー	ความหนาของพิซซ่า
□パン生地	pɛ̂ɛŋ ペーン	แป้ง
□クリスピー	pɛ̂ɛŋ baaŋ ペーン バーン	แป้งบาง
□日本料理	aahǎan yîipùn アーハーン イープン	อาหารญี่ปุ่น
□定食	aahǎan chút アーハーン チュット	อาหารชุด
□1人前	nʉ̀ŋ thîi ヌン ティー	1 ที่
□2人前	sɔ̌ɔŋ thîi ソーン ティー	2 ที่
□味噌汁	súp mísò スップ ミソ	ซุปมิโซะ
□焼肉	nʉ́ʉa yâaŋ ヌーア ヤーン	เนื้อย่าง
□サバ（鯖）	saabà サーバ	ซาบะ
□トンカツ	thoŋkhátsɯ̀ トンカットス	ทงคัตซึ
□ざるそば	saarúsooba サールソーバ	ซารุโซบะ
□チャーハン	khâaw phàt カーウ パット	ข้าวผัด
□うどん	udôŋ ウドン	อุด้ง

暮らす

ภาษาญี่ปุ่น (タイ人用)

เดะริบาริ	でりばりー
พิซาโวะชูโมนซุรุ	ぴざをちゅうもんする
อิจิไม	いちまい
นิไม	にまい
ฮาฟุ อันโดะ ฮาฟุ	はーふあんどはーふ
เซตโตะ	せっと
พิซาโนะอะซึซะ	ぴざのあつさ
พันคิจิ	ぱんきじ
คุริซุพี	くりすぴー
นิฮงเรียวริ	にほんりょうり
เทโชคุ	ていしょく
อิจินินมาเอะ	いちにんまえ
นินินมาเอะ	ににんまえ
มิโซะชิรุ	みそしる
ยะคินิคุ	やきにく
ซะบะ	さば
ทงคะซึ	とんかつ
ซะรุโซะบะ	ざるそば
ชาฮัน	ちゃーはん
อุด้ง	うどん

文章でも覚えよう！

料理(りょうり)のデリバリーはありますか?

มีอาหารส่งมาถึงที่ไหม (K)

ミー　アーハーン　ソン　マー　トゥン　ティー　マイ (K)

mii aahǎan sòŋ maa thʉ̌ŋ thîi mái (k)

เรียวริโนะเดริบาริวะอะริมัสสุกะ

ピザを注文(ちゅうもん)したいです。

อยากสั่งพิซซ่า (K)

ヤーク　サン　ピッサー (K)

yàak sàŋ phítsâa (k)

พิซาโวะชูมนชิไตเดสุ

日本食(にほんしょく)を注文(ちゅうもん)したいです。

อยากสั่งอาหารญี่ปุ่น (K)

ヤーク　サン　アーハーン　イープン (K)

yàak sàŋ aahǎan yîipùn (k)

นิฮนโชคุโวะชูมนชิไตเดสุ

何分後(なんぷんご)に来(き)ますか?

อีกกี่นาทีจะมาถึง (K)

イーク　キー　ナーティー　チャ　マー　トゥン (K)

ìik kìi naathii cà maa thʉ̌ŋ (k)

นันปุนโกนิคิมัสสุกะ

引っ越し ย้ายบ้าน

日本語	ローマ字/カナ読み	タイ語
□引っ越す	yáay bâan ヤーイ バーン	ย้ายบ้าน
□引っ越し業者	bɔɔrisàt yáaybâan ボーリサット ヤーイバーン	บริษัทย้ายบ้าน
□住所変更	plìan thîi yùu プリーアン ティー ユー	เปลี่ยนที่อยู่
□集荷	maa ráp khɔ̌ɔŋ マー ラップ コーン	มารับของ
□発送	sòŋ khɔ̌ɔŋ ソン コーン	ส่งของ
□受け取り	ráp khɔ̌ɔŋ ラップ コーン	รับของ
□着払い	càay ŋən plaay thaaŋ チャーイ グン プラーイ ターン	จ่ายเงินปลายทาง
□元払い	càay ŋən tôn thaaŋ チャーイ グン トン ターン	จ่ายเงินต้นทาง
□代金引換	càay khâa khɔ̌ɔŋ plaay thaaŋ チャーイ カー コーン プラーイ ターン	จ่ายค่าของปลายทาง
□送料	khâa sòŋ カー ソン	ค่าส่ง
□ピックアップ	rót kraba ロット クラバ	รถกระบะ
□トラック	rót banthúk ロット バントゥック	รถบรรทุก
□ダンボール	klɔ̀ŋ kradàat クロン クラダート	กล่องกระดาษ
□～箱（数）	～ klɔ̀ŋ ～クロン	～ กล่อง
□割れ物	khɔ̌ɔŋ tɛ̀ɛk コーン テーク	ของแตก
□割れ物注意	rawaŋ khɔ̌ɔŋtɛ̀ɛk ラワン コーンテーク	ระวังของแตก
□弁償	chót chái チョット チャイ	ชดใช้
□粗大ゴミ	khayà khanàat yài カヤ カナート ヤイ	ขยะขนาดใหญ่
□荷物のパッキング	phɛ́k khɔ̌ɔŋ ペック コーン	แพ็คของ
□洋服をたたむ	pháp sʉ̂waphâa パップ スーアパー	พับเสื้อผ้า

文章でも覚えよう！

ภาษาญี่ปุ่น (タイ人用)

ฮิคโคซุ	ひっこす
ฮิคโคชิเกียวชะ	ひっこしぎょうしゃ
จูโชะเฮนโค	じゅうしょへんこう
ชูคะ	しゅうか
ฮัซโซ	はっそう
อุเคะโทะริ	うけとり
ชะคุบะไร	ちゃくばらい
โมะโตะบะไร	もとばらい
ไดคินฮิคิคาเอะ	だいきんひきかえ
โซเรียว	そうりょう
พิคคุอัพพุ	ぴっくあっぷ
โตะรัคคุ	とらっく
ดันโบรุ	だんぼーる
～ ฮะโคะ	はこ
วะเระโมะโนะ	われもの
วะเระโมะโนะชูอิ	われものちゅうい
เบนโช	べんしょう
โซะไดโกะมิ	そだいごみ
นิโมะซึโนะพัคคินกุ	にもつのぱっきんぐ
โยฟุคุโวะทะทะมุ	ようふくをたたむ

引っ越しの準備をします。

เตรียมจะย้ายบ้าน (K)

トゥリーアム　チャ　ヤーイバーン (K)

triiam cà yáaybâan (k)

ฮิคโคชิโนะจุนบิโวะชิมัสสุ

引っ越し業者を呼んで下さい。

ช่วยเรียกบริษัทย้ายบ้านหน่อย (K)

チュアイ　リーアック　ボーリサット　ヤーイバーン　ノイ (K)

chûay rîiak bɔɔrisàt yáaybâan nɔ̀y (k)

ฮิคโคชิเกียวชาโวะยนเดะคุดาไซ

ダンボールはどこで売っていますか？

กล่องกระดาษมีขายที่ไหน (K)

クロン　クラダート　ミー　カーイ　ティー　ナイ (K)

klɔ̀ŋ kradàat mii khǎay thîi nǎi (k)

ดันโบรุวะโดโคะเดะอุตเตะอิมัสสุกะ

われものに注意して下さい。

ช่วยระวังของแตกด้วย (K)

チュアイ　ラワン　コーンテーク　ドゥアイ (K)

chûay rawaŋ khɔ̌ɔŋtɛ̀ɛk dûay (k)

วาเรโมโนนิจูอิชิเตะคุดาไซ

MP3-75

スーツをオーダーする ตัดสูท

日本語	ローマ字/カナ読み	タイ語
□ スーツ	sùut スート	สูท
□ Y シャツ	sʉ̂ʉa chə́ət スーア チュート	เสื้อเชิ้ต
□ ネクタイ	nék thai ネック タイ	เน็คไท
□ ズボン	kaaŋ keeŋ カーン ケーン	กางเกง
□ ベルト	khěm khàt ケム カット	เข็มขัด
□ ボタン	kradum クラドゥム	กระดุม
□ そで丈	khɛ̌ɛn sʉ̂ʉa ケーン スーア	แขนเสื้อ
□ 股下	rawàaŋ khǎa thʉ̌ŋ phʉ́ʉn ラワーン カー トゥン プーン	ระหว่างขาถึงพื้น
□ 肩幅	khwaam kwâaŋ khɔ̌ɔŋ lài クワーム クワーン コーン ライ	ความกว้างของไหล่
□ 首まわり	rɔ̂ɔp khɔɔ ロープ コー	รอบคอ
□ ウェスト	eew エーウ	เอว
□ バスト	rɔ̂ɔp ɔ̀k ロープ オック	รอบอก
□ ヒップ	saphôok サポーク	สะโพก
□ 生地	phâa パー	ผ้า
□ 絹	mǎi マイ	ไหม
□ 綿	fâay ファーイ	ฝ้าย
□ 模様	laay ラーイ	ลาย
□ S サイズ	sái és サイ エッス	ไซด์ เอ็ส
□ M サイズ	sái em サイ エム	ไซด์ เอ็ม
□ L サイズ	sái ɛl サイ エウ	ไซด์ แอล

暮らす

ภาษาญี่ปุ่น (タイ人用)
ซูซึ すーつ
ไวชะซึ わいしゃつ
เนะคุไท ねくたい
ซุโบน ずぼん
เบะรุโตะ べると
โบะทัน ぼたん
โซะเดะทะเคะ そでたけ
มะทะชิทะ またした
คะทะฮะบะ かたはば
คุบิมะวะริ くびまわり
เวซุโตะ うぇすと
บะซุโตะ ばすと
ฮิปปุ ひっぷ
คิจิ きじ
คินุ きぬ
เมน めん
โมะโย もよう
เอะซุไซซุ えすさいず
เอะมุไซซุ えむさいず
เอะรุไซซุ えるさいず

文章でも覚えよう!

オーダーメードのスーツが欲(ほ)しいです。

อยากได้สูทที่สั่งตัด (K)

ヤーク　ダイ　スート　ティー　サン　タット (K)

yàak dâi sùut thîi sàŋ tàt (k)

โอดาเมโดโนะซูซึกะโฮชีเดสุ

スーツ一式(いっしき)、いくらですか?

สูท 1 ชุดราคาเท่าไร (K)

スート　ヌン　チュット　ラーカー　タオライ (K)

sùut nʉ̀ŋ chút raakhaa thâurài (k)

ซูซึอิชชิคิอิคุระเดสุกะ

もう少(すこ)し大(おお)き目(め)のスーツがいいです。

สูทที่ใหญ่กว่านี้ดีกว่า (K)

スート　ティー　ヤイ　クワー　ニー　ディー　クワー (K)

sùut thîi yài kwàa níi dii kwàa (k)

โมซุโคชิโอกิเมโนะซูซึกะอีเดสุ

他(ほか)の生地(きじ)を見(み)たいです。

อยากดูผ้าชนิดอื่น (K)

ヤーク　ドゥー　パー　チャニット　ウーン (K)

yàak duu phâa chanít ʉ̀ʉn (k)

โฮคาโนะคิจิโวะมิไตเดสุ

趣味 งานอดิเรก

日本語	ローマ字/カナ読み	タイ語
□ 音楽鑑賞	faŋ phleeŋ ファン プレーン	ฟังเพลง
□ 映画鑑賞	duu nǎŋ ドゥー ナン	ดูหนัง
□ テレビ鑑賞	duu thiiwii ドゥー ティーウィー	ดูทีวี
□ 料理作り	tham aahǎan タム アーハーン	ทำอาหาร
□ 旅行	pai thîiaw パイ ティーアウ	ไปเที่ยว
□ 読書	àan náŋsɯ̌ɯ アーン ナンスー	อ่านหนังสือ
□ 書道	khǐian phûukan キーアン プーカン	เขียนพู่กัน
□ 茶道	choŋ námchaa チョン ナムチャー	ชงน้ำชา
□ ショッピング	sɯ́ɯ khɔ̌ɔŋ スー コーン	ซื้อของ
□ チェス	màak rúk マーク ルック	หมากรุก
□ サーフィン	kradaan tôo khlɯ̂ɯn クラダーン トー クルーン	กระดานโต้คลื่น
□ コイン収集	sasǒm rǐian サソム リーアン	สะสมเหรียญ
□ 釣り	tòk plaa トック プラー	ตกปลา
□ ガーデニング	càt sǔan チャット スアン	จัดสวน
□ ペット	sàt líiaŋ サット リーアン	สัตว์เลี้ยง
□ 写真	thàay rûup ターイ ループ	ถ่ายรูป
□ 骨董品	sasǒm khɔ̌ɔŋ kàu サソム コーン カオ	สะสมของเก่า
□ 絵を描く	wâat phâap ワート パープ	วาดภาพ
□ ドライブ	khàp rót カップ ロット	ขับรถ
□ スポーツ	kiilaa キーラー	กีฬา

ภาษาญี่ปุ่น (タイ人用)

โอนกะคุคันโช
おんがくかんしょう

เอกะคันโช
えいがかんしょう

เทะเระบิคันโช
てれびかんしょう

เรียวริซึคุริ
りょうりづくり

เรียวโค
りょこう

โดะคุโช
どくしょ

โชโด
しょどう

ซะโด
さどう

โชพพินกุ
しょっぴんぐ

เจซุ
ちぇす

ซาฟิน
さーふぃん

โคะอินชูชู
こいんしゅうしゅう

ซึริ
つり

กาเดะนินกุ
がーでにんぐ

เพตโตะ
ぺっと

ชะชิน
しゃしん

โคตโตฮิน
こっとうひん

เอะโวะคะคุ
えをかく

โดะไรบุ
どらいぶ

ซุโพซึ
すぽーつ

文章でも覚えよう!

私(わたし)は趣味(しゅみ)がたくさんあります。

ผม / ดิฉันมีงานอดิเรกหลายอย่าง (K)

ポム / ディチャン　ミー　ガーン　アディレーク　ラーイ　ヤーン (K)

phŏm / dichán mii ŋaan adirèek lăay yàaŋ (k)

วาตาชิวะชูมิกะทาคุซานอะริมัสสุ

あなたの趣味(しゅみ)は何(なん)ですか?

งานอดิเรกของคุณคืออะไร (K)

ガーン　アディレーク　コーン　クン　クー　アライ (K)

ŋaan adirèek khɔ̆ɔŋ khun khʉʉ arai (k)

อะนาตะโนะชุมิวะนันเดสุกะ

書道(しょどう)を知(し)っていますか?

รู้จักงานเขียนพู่กันไหม (K)

ルーチャック　ガーン　キーアン　プーカン　マイ (K)

rúucàk ŋaan khĭian phûukan măi (k)

โชโดโวะชิตเตะอิมัสสุกะ

ペットは飼(か)っていますか?

เลี้ยงสัตว์หรือเปล่า (K)

リーアン　サット　ル　プラーオ (K)

líiaŋ sàt rʉ́ʉ plàau (k)

เพตโตะวะคัตเตะอิมัสสุกะ

外に出る ออกไปข้างนอก

日本語	ローマ字/カナ読み	タイ語
□ 外に出る	ɔ̀ɔk pai khâaŋ nɔ̂ɔk オーク パイ カーン ノーク	ออกไปข้างนอก
□ 買い物	sɯ́ɯ khɔ̌ɔŋ スー コーン	ซื้อของ
□ 散歩	dəən lên ドゥーン レン	เดินเล่น
□ 待ち合わせ	nát phóp ナット ポップ	นัดพบ
□ ジョギング	cɔ́kkîŋ チョックキン	จ๊อกกิ้ง
□ 交差点	thaaŋ yɛ̂ɛk ターン イェーク	ทางแยก
□ 横断歩道	thaaŋ máa laay ターン マー ラーイ	ทางม้าลาย
□ 道路	thanǒn タノン	ถนน
□ 小道	sɔɔy ソーイ	ซอย
□ 歩道	thaaŋ tháau ターン ターオ	ทางเท้า
□ 信号機	sǎnyaan fai caraacɔɔn サンヤーン ファイ チャラーチョーン	สัญญาณไฟจราจร
□ 歩道橋	saphaan lɔɔy khon khâam サパーン ローイ コン カーム	สะพานลอยคนข้าม
□ 橋	saphaan サパーン	สะพาน
□ 公衆電話	thoorasàp sǎathaaraná トーラサップ サーターラナ	โทรศัพท์สาธารณะ
□ 街灯	fai sɔ̀ŋthaaŋ ファイ ソンターン	ไฟส่องทาง
□ 電柱	sǎu fai fáa サオ ファイ ファー	เสาไฟฟ้า
□ 郵便ポスト	tûu praisanii トゥー プライサニー	ตู้ไปรษณีย์
□ ゴミ箱	thǎŋ khayà タン カヤ	ถังขยะ
□ 歩行者	khon dəən thanǒn コン ドゥーン タノン	คนเดินถนน
□ オフィスビル	tɯ̀k sǎmnák ŋaan トゥック サムナック ガーン	ตึกสำนักงาน

文章でも覚えよう！

ภาษาญี่ปุ่น (タイ人用)
โซะโตะนิเดะรุ そとにでる
ไคโมะโนะ かいもの
ซันโปะ さんぽ
มะจิอะวะเซะ まちあわせ
โจกินกุ じょぎんぐ
โคซะเทน こうさてん
โอดันโฮะโด おうだんほどう
โดโระ どうろ
โคะมิจิ こみち
โฮะโด ほどう
ชินโกคิ しんごうき
โฮะโดเคียว ほどうきょう
ฮะชิ はし
โคชูเดนวะ こうしゅうでんわ
ไกโท がいとう
เดนชู でんちゅう
ยูบินโพะซุโตะ ゆうびんぽすと
โกะมิบะโคะ ごみばこ
โฮะโคชา ほこうしゃ
โอะฟิซุบิรุ おふぃすびる

散歩（さんぽ）に行（い）きませんか?

ไปเดินเล่นกันไหม (K)

パイ　ドゥーン　レン　カン　マイ (K)

pai dəən lên kan mái (k)

ซันโปะนิอิคิมาเซนกะ

ジョギングはどこでできますか?

วิ่งจ๊อกกิ้งได้ที่ไหน (K)

ウィン　チョックキン　ダイ　ティー　ナイ (K)

wîŋ cɔ́kkîŋ dâi thîi năi (k)

โจกินกุวะโดโคะเดะเดคิมัสสุกะ

夜（よる）の小道（こみち）に気（き）を付（つ）けて下（くだ）さい。

ระวังในซอยตอนกลางคืน (K)

ラワン　ナイ　ソーイ　トーン　クラーン　クーン (K)

rawaŋ nai sɔɔy tɔɔn klaaŋ khɯɯn (k)

โยรุโนะโคมิจินิคิโวะซึเคเตะคุดาไซ

郵便（ゆうびん）ポストはどこですか?

ตู้ไปรษณีย์อยู่ที่ไหน (K)

トゥー　プライサニー　ユー　ティー　ナイ (K)

tûu praisanii yùu thîi năi (k)

ยูบินโพซุโตวะโดโคะเดสุกะ

宿泊施設にて สถานที่

日本語	ローマ字/カナ読み	タイ語
□ 暑すぎる	rɔ́ɔn kəən pai ローン クーン パイ	ร้อนเกินไป
□ 寒すぎる	nǎaw kəən pai ナーウ クーン パイ	หนาวเกินไป
□ 臭い	měn メン	เหม็น
□ 困る	lambàak ラムバーク	ลำบาก
□ 蟻	mót モット	มด
□ トカゲ	cîŋcòk チンチョック	จิ้งจก
□ 蚊	yuŋ ユン	ยุง
□ ゴキブリ	malɛɛŋ sàap マレーン サープ	แมลงสาบ
□ 騒音	sǐaŋ daŋ シーアン ダン	เสียงดัง
□ 鍵が開かない	khǎi kuncɛɛ mâi dâi カイ クンチェー マイ ダイ	ไขกุญแจไม่ได้
□ 鍵が閉まらない	lɔ́k kuncɛɛ mâi dâi ロック クンチェー マイ ダイ	ล็อคกุญแจไม่ได้
□ 鍵をなくした	kuncɛɛ hǎay クンチェー ハーイ	กุญแจหาย
□ 鍵を忘れた	lɯɯm kuncɛɛ ルーム クンチェー	ลืมกุญแจ
□ 動かない	khayàp mâi dâi カヤップ マイ ダイ	ขยับไม่ได้
□ 水が出ない	náam mâi lǎi ナーム マイ ライ	น้ำไม่ไหล
□ 水が冷たすぎる	náam yen kəən pai ナーム イェン クーン パイ	น้ำเย็นเกินไป
□ 水が暑すぎる	náam rɔ́ɔn kəən pai ナーム ローン クーン パイ	น้ำร้อนเกินไป
□ 水が漏る	náam rûa ナーム ルア	น้ำรั่ว
□ トイレが流れない	sûam lâat mâi loŋ スアム ラート マイ ロン	ส้วมลาดไม่ลง
□ 洗面所がつまる	àaŋ láaŋ nâa tan アーン ラーン ナー タン	อ่างล้างหน้าตัน

ภาษาญี่ปุ่น (タイ人用)
อะซึซุกิรุ あつすぎる
ซามุซุกิรุ さむすぎる
คุไซ くさい
โคะมะรุ こまる
อะริ あり
โตะคะเกะ とかげ
คะ か
โกะคิบุริ ごきぶり
โซโอน そうおん
คะกิกะอะคะไน かぎがあかない
คะกิกะชิมะระไน かぎがしまらない
คะกิโวะนะคุชิทะ かぎをなくした
คะกิโวะวะซุเระทะ かぎをわすれた
อุโกะคะไน うごかない
มิซุกะเดะไน みずがでない
มิซุกะซึเมะทะซุกิรุ みずがつめたすぎる
มิซุกะอะซึซุกิรุ みずがあつすぎる
มิซุกะโมะรุ みずがもる
โทะอิเระกะนากาเระไน といれがながれない
เซนเมนโจะกะซึมารุ せんめんじょがつまる

文章でも覚えよう！

部屋(へや)が臭(くさ)いので、変(か)えてくれますか?

เปลี่ยนห้องให้หน่อยห้องเหม็น (K)

プリーアン　ホン　ハイ　ノイ　ホン　メン (K)

plìian hɔ̂ŋ hâi nɔ̀y hɔ̂ŋ mĕn (k)

เฮยากะคุไซโนเดะคาเอเตะคุเรมัสสุกะ

ゴキブリが出(で)て困(こま)ります。

ในห้องมีแมลงสาบไม่ดีเลย (K)

ナイ　ホン　ミー　マレーン　サープ　マイ　ディー　ルーイ (K)

nai hɔ̂ŋ mii malɛɛŋ sàap mâi dii ləəy (k)

โกคิบุริกะเดเตะโคมาริมัสสุ

修理(しゅうり)して下(くだ)さい。

ซ่อมให้ด้วย (K)

ソム　ハイ　ドゥアイ (K)

sɔ̂m hâi dûay (k)

ชูริชิเตะคุดาไซ

天井(てんじょう)から水(みず)が漏(も)っています。

หลังคารั่ว (K)

ラン　カー　ルア (K)

lăŋ khaa rûa (k)

เทนโจคาระมิซุกะโมตเตะอิมัสสุ

薬 ยา

日本語	ローマ字/カナ読み	タイ語
□ 薬	yaa ヤー	ยา
□ 薬局	ráan khǎay yaa ラーン カーイ ヤー	ร้านขายยา
□ 処方箋	bai sàŋ yaa バイ サンヤー	ใบสั่งยา
□ 食前	kɔ̀ɔn aahǎan コーン アーハーン	ก่อนอาหาร
□ 食後	lǎŋ aahǎan ラン アーハーン	หลังอาหาร
□ 一錠	nɯ̀ŋ mét ヌン メット	หนึ่งเม็ด
□ 錠剤	yaa mét ヤー メット	ยาเม็ด
□ 粉薬	yaa phǒŋ ヤー ポン	ยาผง
□ 風邪薬	yaa kɛ̂ɛ wàt ヤー ケー ワット	ยาแก้หวัด
□ 鎮痛剤	yaa kɛ̂ɛ pùat ヤー ケー プアット	ยาแก้ปวด
□ 下剤	yaa thàay ヤー ターイ	ยาถ่าย
□ 下痢止め	yaa kɛ̂ɛ thɔ́ɔŋsǐia ヤー ケー トーンシーア	ยาแก้ท้องเสีย
□ 睡眠薬	yaa nɔɔn làp ヤー ノーン ラップ	ยานอนหลับ
□ 咳止め	yaa kɛ̂ɛ ai ヤー ケー アイ	ยาแก้ไอ
□ 目薬	yaa yɔ̀ɔt taa ヤー ヨート ター	ยาหยอดตา
□ 漢方薬	yaa samǔn phrai ヤー サムン プライ	ยาสมุนไพร
□ 避妊ピル	yaa khum ヤー クム	ยาคุม
□ コンドーム	thǔŋ yaaŋ トゥン ヤーン	ถุงยาง
□ 包帯	phâa phan phlɛ̌ɛ パー パン プレー	ผ้าพันแผล
□ 生理用ナプキン	phâa anaamai パー アナーマイ	ผ้าอนามัย

トラブル

ภาษาญี่ปุ่น (タイ人用)
คุซุริ くすり
ยัคเคียวคุ やっきょく
โชะโฮเซน しょほうせん
โชะคุเซน しょくぜん
โชะคุโกะ しょくご
อิจิโจ いちじょう
โจไซ じょうざい
โคะนะกุซุริ こなぐすり
คาเซะกุซุริ かぜぐすり
ชินซูไซ ちんつうざい
เกะไซ げざい
เกะริโดะเมะ げりどめ
ซุยมินยะคุ すいみんやく
เซะคิโดะเมะ せきどめ
เมะกุซุริ めぐすり
คันโพยะคุ かんぽうやく
ฮินินพิรุ ひにんぴる
โคนโดมุ こんどーむ
โฮไท ほうたい
เซริโยนะพุคิน せいりようなぷきん

文章でも覚えよう！

薬局(やっきょく)はどこにありますか？

ร้านขายยาอยู่ที่ไหน (K)

ラーン　カーイ　ヤー　ユー　ティー　ナイ (K)

ráan khǎay yaa yùu thîi nǎi (k)

ยัคเคียวคุวะโดโคะนิอะริมัสสุกะ

この薬(くすり)と同(おな)じものがありますか？

มียาเหมือนกับอันนี้ไหม (K)

ミー　ヤー　ムーアン　カップ　アン　ニー　マイ (K)

mii yaa mʉ̌ʉan kàp an níi mái (k)

โคโนะคุซุริโตะโอนาจิโมโนกะอะริมัสสุกะ

風邪薬(かぜぐすり)を下(くだ)さい。

ขอยาแก้หวัดหน่อย (K)

コー　ヤー　ケー　ワット　ノイ (K)

khɔ̌ɔ yaa kɛ̂ɛ wàt nɔ̀y (k)

คาเซะกุซุริโวะคุดาไซ

下痢(げり)がひどく、おなかも痛(いた)いです。

ท้องเสียมากและปวดท้องด้วย (K)

トーン　シーア　マーク　レ　プアット　トーン　ドゥアイ (K)

thɔ́ɔŋ sǐia mâak lɛ́ pùat thɔ́ɔŋ dûay (k)

เกริกะฮิโดคุโอนาคาโมะอิไตเดสุ

病気 ไม่สบาย

日本語	ローマ字/カナ読み	タイ語
□ 風邪	pen wàt ペン ワット	เป็นหวัด
□ インフルエンザ	khâi wàt yài カイ ワット ヤイ	ไข้หวัดใหญ่
□ 下痢	thɔ́ɔŋ sǐia トーン シーア	ท้องเสีย
□ 食中毒	aahǎan pen phít アーハーン ペン ピット	อาหารเป็นพิษ
□ 盲腸	sâitìŋ àksèep サイティン アックセープ	ไส้ติ่งอักเสบ
□ SARS	sáas サース	ซาร์
□ マラリア	khâi maalaariia カイ マーラーリーア	ไข้มาลาเรีย
□ コレラ	ahìwaa アヒワー	อหิวา
□ 性病	kaamrôok カームローク	กามโรค
□ エイズ	èes エース	เอดส์
□ 伝染病	rôok tìt tɔ̀ɔ ローク ティット トー	โรคติดต่อ
□ 精神病	rôok prasàat ローク プラサート	โรคประสาท
□ 糖尿病	rôok bau wǎan ローク バオ ワーン	โรคเบาหวาน
□ 癌	mareŋ マレン	มะเร็ง
□ ぜんそく	rôok hɔ̀ɔp hɯ̀ɯt ローク ホープ フート	โรคหอบหืด
□ 肺炎	rôok pɔ̀ɔt buam ローク ポート ブワム	โรคปอดบวม
□ 胃かいよう	kraphɔ́ aahǎan pen phlɛ̌ɛ クラポ アーハーン ペン プレー	กระเพาะอาหารเป็นแผล
□ 肝炎	tàp àksèep タップ アックセープ	ตับอักเสบ
□ 高血圧	khwaam dan sǔuŋ クワーム ダン スーン	ความดันสูง
□ 神経痛	rôok pùat sên prasàat ローク プアット セン プラサート	โรคปวดเส้นประสาท

ภาษาญี่ปุ่น (タイ人用)
คาเซะ かぜ
อินฟุรุเอนซะ いんふるえんざ
เกะริ げり
โชะคุชูโดะคุ しょくちゅうどく
โมโจ もうちょう
ซาซุ さーず
มะระริอะ まらりあ
โคะเระระ これら
เซเบียว せいびょう
เอซุ えいず
เดนเซนเบียว でんせんびょう
เซชินเบียว せいしんびょう
โตเนียวเบียว とうにょうびょう
กัน がん
เซนโซะคุ ぜんそく
ไฮเอน はいえん
อิไคโย いかいよう
คันเอน かんえん
โคเคะซึอะซึ こうけつあつ
ชินเคซู しんけいつう

文章でも覚えよう!

風邪(かぜ)を引(ひ)いてしまいました。

เป็นหวัดแล้ว (K)

ペン ワット レーウ (K)

pen wàt lέεw (k)

คาเซะโวะฮีเตะชิไมมาชิตะ

予防接種(よぼうせっしゅ)を受(う)けたいです。

อยากฉีดวัคซีน (K)

ヤーク チート ワックシーン (K)

yàak chìit wáksiin (k)

โยโบเซชซูโวะอุเคไตเดสุ

私(わたし)はぜんそく持(も)ちです。

ผม / ดิฉันเป็นหอบ (K)

ポム / ディチャン ペン ホープ (K)

phǒm / dichán pen hɔ̀ɔp (k)

วาตาชิวะเซนโซคุโมจิเดสุ

私(わたし)は高血圧(こうけつあつ)です。

ผม / ดิฉันเป็นความดันสูง (K)

ポム / ディチャン ペン クワーム ダン スーン (K)

phǒm / dichán pen khwaam dan sǔuŋ (k)

วาตาชิวะโคเคะซึอาซึเดสุ

MP3-81

病気の症状 อาการป่วย

日本語	ローマ字/カナ読み	タイ語
□ 痛い（外部的な）	cèp チェップ	เจ็บ
□ 痛い（内部的な）	pùat プアット	ปวด
□ かゆい	khan カン	คัน
□ 炎症を起こす	àksèep アックセープ	อักเสบ
□ 熱がある	mii khâi ミー カイ	มีไข้
□ 咳が出る	ai アイ	ไอ
□ 震える	sàn サン	สั่น
□ 吐く	aaciian アーチーアン	อาเจียน
□ 下痢をする	thɔ́ɔŋ sǐia トーン シーア	ท้องเสีย
□ 便秘する	thɔ́ɔŋ phùuk トーン プーク	ท้องผูก
□ めまいがする	wiian hǔua ウィーアン フーア	เวียนหัว
□ 刺される	tɔ̀y トイ	ต่อย
□ 疲れる	nɯ̀ɯay ヌーアイ	เหนื่อย
□ 気を失う	mòt satì モット サティ	หมดสติ
□ 怪我をする	bàat cèp バート チェップ	บาดเจ็บ
□ やけどする（火）	fai lûak ファイ ルアック	ไฟลวก
□ やけどする（熱湯）	nám rɔ́ɔn lûak ナム ローン ルアック	น้ำร้อนลวก
□ 骨を折る	kradùuk hàk クラドゥーク ハック	กระดูกหัก
□ 治療する	ráksǎa ラックサー	รักษา
□ 治る	hǎay lɛ́ɛw ハーイ レーウ	หายแล้ว

ปัญหา

ภาษาญี่ปุ่น (タイ人用)

อิไต
いたい

อิไต
いたい

คะยุย
かゆい

เอนโชโวะโอะโคะซุ
えんしょうをおこす

เนะซึกะอะรุ
ねつがある

เซะคิกะเดะรุ
せきがでる

ฟุรุเอะรุ
ふるえる

ฮะคุ
はく

เกะริโวะซุรุ
げりをする

เบนพิซุรุ
べんぴする

เมะไมกะซุรุ
めまいがする

ซะซะเระรุ
さされる

ซึคะเรรุ
つかれる

คิโวะอุชินะอุ
きをうしなう

เคะกะโวะซุรุ
けがをする

ยะเคะโดะซุรุ
やけどする

ยะเคะโดะซุรุ
やけどする

โฮะเนะโวะโอรุ
ほねをおる

จิเรียวซุรุ
ちりょうする

นะโอะรุ
なおる

文章でも覚えよう!

頭(あたま)が痛(いた)い。

ปวดหัว (K)

プアット　フーア (K)

pùat hǔua (k)

อะตะมะกะอิไต

失恋(しつれん)して心(こころ)が痛(いた)いです。

อกหักก็เลยเจ็บหัวใจ (K)

オックハック　コー　ルーイ　チェップ　フーア　チャイ (K)

òkhàk kɔ̂ɔ ləəy cèp hǔua cai (k)

ชิซึเรนชิเตะโคโคโระกะอิไตเดสุ

吐(は)き気(け)がします。

คลื่นไส้ (K)

クルーン　サイ (K)

khlʉ̂ʉn sâi (k)

ฮาคิเคกะชิมัสสุ

少(すこ)し横(よこ)になりたい。

อยากนอนพัก (K)

ヤーク　ノーン　パック (K)

yàak nɔɔn phák (k)

ซุโคชิโยโกนินาริไต

ปัญหา

病院 โรงพยาบาล

日本語	ローマ字/カナ読み	タイ語
□ 病院	rooŋ phayaabaan ローン パヤーバーン	โรงพยาบาล
□ 受付	phanὲεk prachaa sǎmphan パネーク プラチャー サムパン	แผนกประชาสัมพันธ์
□ 内科	phanὲεk aayúrakam パネーク アーユラカム	แผนกอายุรกรรม
□ 外科	phanὲεk sǎnyakam パネーク サンヤカム	แผนกศัลยกรรม
□ 小児科	phanὲεk kùmaan wêet パネーク クマーン ウェート	แผนกกุมารเวช
□ 医者	mɔ̌ɔ モー	หมอ
□ 看護婦	phayaabaan パヤーバーン	พยาบาล
□ 注射	chìit yaa チート ヤー	ฉีดยา
□ 脈	chîip pá cɔɔn チープ パ チョーン	ชีพจร
□ 血圧	khwaam dan クワーム ダン	ความดัน
□ 血液型	mùu lɯ̂ɯat ムー ルーアット	หมู่เลือด
□ 血液検査	trùat lɯ̂ɯat トゥルアット ルーアット	ตรวจเลือด
□ 尿検査	trùat pàtsǎawá トゥルアット パットサーワ	ตรวจปัสสาวะ
□ 輸血	thàay loohìt ターイ ローヒット	ถ่ายโลหิต
□ 手術	phàa tàt パー タット	ผ่าตัด
□ 入院	khâu rooŋphayaabaan カオ ローンパヤーバーン	เข้าโรงพยาบาล
□ 退院	ɔ̀ɔk càak rooŋphayaabaan オーク チャーク ローンパヤーバーン	ออกจากโรงพยาบาล
□ レントゲン	éksa ree エックサ レー	เอ็กซเรย์
□ 診断書	bai ráprɔɔŋ phɛ̂ɛt バイ ラップローン ペート	ใบรับรองแพทย์
□ 診察する	trùat トゥルアット	ตรวจ

文章でも覚えよう！

ภาษาญี่ปุ่น (タイ人用)

เบียวอิน
びょういん

อุเคะซึเคะ
うけつけ

ไนคะ
ないか

เกะคะ
げか

โชนิคะ
しょうにか

อิชะ
いしゃ

คันโกะฟุ
かんごふ

ชูชะ
ちゅうしゃ

เมียะคุ
みゃく

เคะซึอะซุ
けつあつ

เคะซึเอะคิกะตะ
けつえきがた

เคะซึเอะคิเคนซะ
けつえきけんさ

เนียวเคนซะ
にょうけんさ

ยุเคะซึ
ゆけつ

ชุจุซึ
しゅじゅつ

นิวอิน
にゅういん

ไทอิน
たいいん

เรนโตะเกน
れんとげん

ชินดันโชะ
しんだんしょ

ชินซะซึซุรุ
しんさつする

びょういん
病院はどこにありますか？

โรงพยาบาลอยู่ที่ไหน (K)

ローン　パヤーバーン　ユー　ティー　ナイ (K)

rooŋ phayaabaan yùu thîi nǎi (k)

เบียวอินวะโดโคะนิอะริมัสสุกะ

に ほん ご つうやくしゃ
日本語通訳者はいますか？

มีล่ามภาษาญี่ปุ่นไหม (K)

ミー　ラーム　パーサー　イーブン　マイ (K)

mii lâam phaasǎa yîipùn mái (k)

นิฮนโกะซูยาคุชาวะอิมัสสุกะ

けつえきがた　えー　がた
血液型は A 型です。

เลือดกรุ๊ปเอ (K)

ルーアット　クルップ　エー (K)

lûɯat krúp ee (k)

เคซึเอคิกาทาวะเอกาทาเดสุ

しんだんしょ　はっこう　くだ
診断書を発行して下さい。

ช่วยออกใบรับรองแพทย์ให้ด้วย (K)

チュアイ　オーク　バイ　ラップローン　ペート　ハイ　ドゥアイ (K)

chûay ɔ̀ɔk bai ráprɔɔŋ phêɛt hâi dûay (k)

ชินดันโชโวะฮัคโคชิเตะคุดาไซ

159

歯科に行く ไปหาหมอฟัน

日本語	ローマ字/カナ読み	タイ語
□ 歯医者	mɔ̌ɔ fan モー ファン	หมอฟัน
□ むし歯	fan phù ファン プ	ฟันผุ
□ 歯石	hǐn puun ヒン プーン	หินปูน
□ 歯垢取り	khùut hǐn puun クゥート ヒン プーン	ขูดหินปูน
□ 口をゆすぐ	bûan pàak ブアン パーク	บ้วนปาก
□ 金歯	fan thɔɔŋ ファン トーン	ฟันทอง
□ 銀歯	fan ŋən ファン グン	ฟันเงิน
□ 歯を矯正する	dàt fan ダット ファン	ดัดฟัน
□ ブリーチ（歯の）	khàt fan カット ファン	ขัดฟัน
□ 歯周病	rôok ŋʉ̀ʉak àksèep ローク グーアック アックセープ	โรคเหงือกอักเสบ
□ 歯肉炎	ŋʉ̀ʉak àksèep グーアック アックセープ	เหงือกอักเสบ
□ 口内炎	rɔ́ɔn nai ローン ナイ	ร้อนใน
□ 入れ歯	fan plɔɔm ファン プローム	ฟันปลอม
□ 差し歯	fan plɔɔm ファン プローム	ฟันปลอม
□ 白い歯	fan khǎaw ファン カーウ	ฟันขาว
□ 糸ようじ	dâay ダーイ	ด้าย
□ 歯を削る	krɔɔ fan クロー ファン	กรอฟัน
□ 歯を抜く	thɔ̌ɔn fan トーン ファン	ถอนฟัน
□ 歯並びが良い	fan riiaŋ sǔay ファン リーアン スアイ	ฟันเรียงสวย
□ 歯並びが悪い	fan riiaŋ mâi sǔay ファン リーアン マイ スアイ	ฟันเรียงไม่สวย

ภาษาญี่ปุ่น (タイ人用)

ไฮชะ
はいしゃ

มุชิบะ
むしば

ชิเซะคิ
しせき

ชิโคโทะริ
しこうとり

คุจิโวะยุซุกุ
くちをゆすぐ

คินบะ
きんば

กินบะ
ぎんば

ฮะโวะเคียวเซซุรุ
はをきょうせいする

บุรีจิ
ぶりーち

ชิซูเบียว
ししゅうびょう

ชินิคุเอน
しにくえん

โคไนเอน
こうないえん

อิเระบะ
いれば

ซะชิบะ
さしば

ชิโรยฮะ
しろいは

อิโตะโยจิ
いとようじ

ฮะโวะเคะซุรุ
はをけずる

ฮะโวะนุคุ
はをぬく

ฮะนะระบิกะโยย
はならびがよい

ฮะนะระบิกะวะรุย
はならびがわるい

文章でも覚えよう!

歯(は)の矯正(きょうせい)はいくらかかりますか?

ดัดฟันต้องเสียเงินเท่าไร (K)

ダット　ファン　トン　シーア　グン　タオライ (K)

dàt fan tɔ̂ŋ sĭia ŋən thâurài (k)

ฮาโนะเคียวเซวะอิคุระคาคาริมัสสุกะ

どのくらいの期間(きかん)がかかりますか?

ใช้เวลาเท่าไร (K)

チャイ　ウェーラー　タオライ (K)

chái weelaa thâurài (k)

โดโนะคุไรโนะคิคันกะคาคาริมัสสุกะ

麻酔(ますい)をかけますか?

ใช้ยาชาไหม (K)

チャイ　ヤー　チャー　マイ (K)

chái yaa chaa mái (k)

มาซุยโวะคาเคมัสสุกะ

むし歯(ば)は何本(なんほん)ありますか?

มีฟันผุกี่ซี่ (K)

ミー　ファンプ　キー　シー (K)

mii fanphù kìi sîi (k)

มุชิบาวะนันบนอะริมัสสุกะ

犯罪 คนร้าย

日本語	ローマ字/カナ読み	タイ語
□ 泥棒	khamooy カモーイ	ขโมย
□ 詐欺	nák tôm tǔn ナック トム トゥン	นักต้มตุ๋น
□ 殺人	khâa takɔɔn カー タコーン	ฆาตกร
□ 売春婦	sǒo phee nii ソー ペー ニー	โสเภณี
□ 麻薬	yaa sèep tìt ヤー セープ ティット	ยาเสพติด
□ 盗まれる	thùuk khamooy トゥーク カモーイ	ถูกขโมย
□ 騙される	thùuk lɔ̀ɔk トゥーク ローク	ถูกหลอก
□ 誘拐	lák phaa tua ラック パー トゥア	ลักพาตัว
□ 脅迫	khòm khùu コム クー	ข่มขู่
□ 逃げる	nǐi ニー	หนี
□ 訴える	fɔ́ɔŋ rɔ́ɔŋ フォーン ローン	ฟ้องร้อง
□ 警察署	sathǎanii tamrùat サターニー タムルアット	สถานีตำรวจ
□ 警官	tamrùat タムルアット	ตำรวจ
□ 逮捕	càp チャップ	จับ
□ 犯人	phûu tɔ̂ŋ hǎa プー トン ハー	ผู้ต้องหา
□ 被害者	phûu sǐia hǎay プー シーア ハーイ	ผู้เสียหาย
□ 刑務所	khúk クック	คุก
□ 裁判所	sǎan サーン	ศาล
□ ピストル	pɯɯn プーン	ปืน
□ 死刑	prahǎan chiiwít プラハーン チーウィット	ประหารชีวิต

ภาษาญี่ปุ่น (タイ人用)

โดะโระโบ
どろぼう

ซากิ
さぎ

ซะซึจิน
さつじん

ไบชุนฟุ
ばいしゅんふ

มะยะคุ
まやく

นุซุมะเระรุ
ぬすまれる

ดะมะซะเระรุ
だまされる

ยูไค
ゆうかい

เคียวฮะคุ
きょうはく

นิเกะรุ
にげる

อุตตะเอะรุ
うったえる

เคซะซึโชะ
けいさつしょ

เคคัน
けいかん

ไทโฮะ
たいほ

ฮันนิน
はんにん

ฮิไกชะ
ひがいしゃ

เคะมุโชะ
けいむしょ

ไซบันโชะ
さいばんしょ

พิซุโตะรุ
ぴすとる

ชิเค
しけい

文章でも覚えよう!

泥棒です! 助けて下さい。

ช่วยด้วย ขโมย (K)

チュアイ　ドゥアイ　カモーイ (K)

chûay dûay khamooy (k)

โดโรโบเดสุ! ทาซุเคเตคุดาไซ

詐欺に遭いました。

ถูกหลอก (K)

トゥーク　ローク (K)

thùuk lɔ̀ɔk (k)

ซากินิไอมาชิตะ

警察に行きます。

ไปหาตำรวจ (K)

パイ　ハー　タムルアット (K)

pai hǎa tamrùat (k)

เคซะซึนิอิคิมัสสุ

被害届を出します。

แจ้งความ (K)

チェーン　クワーム (K)

cɛ̂ɛŋ khwaam (k)

ฮิไกโทโดเคโวะดาชิมัสสุ

ปัญหา

事故と災害 อุบัติเหตุและภัยพิบัติ

日本語	ローマ字/カナ読み	タイ語
□ 事故	ùbàttìhèet ウバットティヘート	อุบัติเหตุ
□ 火事	fai mâi ファイ マイ	ไฟไหม้
□ 消防車	rót dàpphləəŋ ロット ダッププルーン	รถดับเพลิง
□ 消火器	khrʉ̂ʉaŋ dàp fai クルーアン ダップ ファイ	เครื่องดับไฟ
□ 非常口	thaaŋ chùk chə̌ən ターン チュック チューン	ทางฉุกเฉิน
□ 交通事故	ùbàttìhèet bon thɔ́ɔŋ thanǒn ウバットティヘート ボン トーン タノン	อุบัติเหตุบนท้องถนน
□ ひかれる	rót tháp ロット タップ	รถทับ
□ 衝突する	rót chon ロット チョン	รถชน
□ 転覆する	rót khwâm ロット クワム	รถคว่ำ
□ 脱線する	rótfai tòk raaŋ ロットファイ トック ラーン	รถไฟตกราง
□ 墜落する	tòk トック	ตก
□ 避難する	lòp phay ロップ パイ	หลบภัย
□ 即死する	taay khaathîi ターイ カーティー	ตายคาที่
□ 死者	phûu sǐia chiiwít プー シーア チーウィット	ผู้เสียชีวิต
□ 負傷者	phûu bàat cèp プー バート チェップ	ผู้บาดเจ็บ
□ 行方不明	hǎay sàap sǔun ハーイ サープ スーン	หายสาปสูญ
□ 救急車	rót phayaabaan ロット パヤーバーン	รถพยาบาล
□ 避難所	thîi lòpphay ティー ロップパイ	ที่หลบภัย
□ 救助する	chûay lʉ̌ʉa チュアイ ルーア	ช่วยเหลือ
□ 保護する	khúm khrɔɔŋ クム クローン	คุ้มครอง

ภาษาญี่ปุ่น (สำหรับคนไทย)

จิโคะ
じこ

คะจิ
かじ

โชโบชะ
しょうぼうしゃ

โชคะคิ
しょうかき

ฮิโจกุจิ
ひじょうぐち

โคซูจิโคะ
こうつうじこ

ฮิคะเระรุ
ひかれる

โชโตะซึซุรุ
しょうとつする

เทนพุคุซึรุ
てんぷくする

ดัซเซนซุรุ
だっせんする

ซึยระคุซึรุ
ついらくする

ฮินันซุรุ
ひなんする

โซะคุชิซึรุ
そくしする

ชิชะ
ししゃ

ฟุโชชะ
ふしょうしゃ

ยุคุเอะฟุเม
ゆくえふめい

คิวคิวชะ
きゅうきゅうしゃ

ฮินันโจะ
ひなんじょ

คิวโจะซึรุ
きゅうじょする

โฮะโกะซึรุ
ほごする

文章でも覚えよう！

交通事故に遭いました。
こうつう　じ　こ　　あ

ประสบอุบัติเหตุ (K)

プラソップ　ウバットティヘート (K)

prasòp ùbàttihèet (k)

โคซูจิโคนิไอมาชิตะ

警察の電話番号は何番ですか？
けいさつ　でん　わ　ばんごう　なんばん

เบอร์โทรศัพท์ของตำรวจเบอร์อะไร (K)

ブー　トーラサップ　コーン　タムルアット　ブー　アライ (K)

bəə thoorasàp khɔ̌ɔŋ tamrùat bəə arai (k)

เคซะซึโนะเดนวะบันโกวะนันบันเดสุกะ

警察の電話番号は１９１です。
けいさつ　でん　わ　ばんごう　いちきゅういち

เบอร์โทรศัพท์ของตำรวจเบอร์191 (K)

ブー　トーラサップ　コーン　タムルアット　ブー　ヌン　カーオ　ヌン (K)

bəə thoorasàp khɔ̌ɔŋ tamrùat bəə nɯ̀ŋ kâau nɯ̀ŋ (k)

เคซะซึโนะเดนวะบันโกวะอิจิคิวอิจิเดสุ

救急車を呼んで下さい。
きゅうきゅうしゃ　よ　　　くだ

ช่วยเรียกรถพยาบาลให้หน่อย (K)

チュアイ リーアック　ロット　パヤーバーン　ハイ　ノイ (K)

chûay rîiak rót phayaabaan hâi nɔ̀y (k)

คิวคิวชาโวะยนเดะคุดาไซ

185

地名 ชื่อสถานที่

日本語	ローマ字/カナ読み	タイ語
バンコク	kruŋthêep クルンテープ	กรุงเทพฯ
サイアムスクエア	sayǎam sakhwɛɛ サヤーム　サクウェー	สยามสแควร์
マーブンクロン	maabun khrɔɔŋ マーブン クローン	มาบุญครอง
チャイナタウン	yauwarâat ヤオワラート	เยาวราช
ワットポー	wát phoo ワット ポー	วัดโพธิ์
エメラルド寺院	wát phrákɛ̂ɛw ワット プラケーウ	วัดพระแก้ว
チャトゥチャック市場	sǔan catucàk スアン チャトゥチャック	สวนจตุจักร
スクンビット通り	thanǒn sukhǔmwít タノン スクムウィット	ถนนสุขุมวิท
ペッブリ通り	thanǒn phétburii tàtmài タノン ペッブリー タットマイ	ถนนเพชรบุรีตัดใหม่
シーロム通り	thanǒn sǐilom タノン シーロム	ถนนสีลม
スリウォン通り	thanǒn sùriwoŋ タノン スリウォン	ถนนสุริวงศ์
サトーン通り	thanǒn sǎathɔɔn タノン サートーン	ถนนสาทร
水上マーケット	talàat náam タラート ナーム	ตลาดน้ำ
ラーマ４世通り	thanǒn phrá raam sìi タノン プラ ラーム シー	ถนนพระรามสี่
ラーマ9世通り	thanǒn phrá raam kâau タノン プラ ラーム カーオ	ถนนพระรามเก้า
ラチャダ通り	thanǒn rátchadaa タノン ラットチャダー	ถนนรัชดา
ディンデン通り	thanǒn dindɛɛŋ タノン ディンデーン	ถนนดินแดง
トンブリ	thonburii トンブリー	ธนบุรี
アユタヤ	ayúthayaa アユタヤー	อยุธยา
パタヤ	phátthayaa パットタヤー	พัทยา

地名

日本語	ローマ字/カナ読み	タイ語
ラヨーン	rayɔɔŋ ラヨーン	ระยอง
ホアヒン	hǔuahǐn フーアヒン	หัวหิน
チョンブリ	chonburii チョンブリー	ชลบุรี
プーケット島	kɔ̀ phuukèt コ プーケット	เกาะภูเก็ต
サメット島	kɔ̀ samèt コ サメット	เกาะเสม็ด
サムイ島	kɔ̀ samǔy コ サムイ	เกาะสมุย
カンチャナブリ	kaancanáburii カーンチャナブリー	กาญจนบุรี
スコータイ	sukhǒothay スコータイ	สุโขทัย
チェンマイ	chiiaŋmài チーアンマイ	เชียงใหม่
コラート	khoorâat コーラート	โคราช
ノンカイ	nɔ̌ɔŋkhaay ノーンカーイ	หนองคาย
ウドンタニ	udɔɔnthaanii ウドーンターニー	อุดรธานี
ガラシン	kaalasǐn カーラシン	กาฬสินธุ์
スリン	surin スリン	สุรินทร์
クラビ	krabìi クラビー	กระบี่
ハジャイ	hàatyài ハートヤイ	หาดใหญ่
タイ	thai タイ	ไทย
マレーシア	maaleesiia マーレーシーア	มาเลเซีย
ラオス	laaw ラーウ	ลาว
カンボジア	kamphuuchaa カムプーチャー	กัมพูชา

※「k」「t」「p」の末子音は単語では青字
文章では黒字で表記してあります。(9 ページ参照)

地名 ชื่อสถานที่

日本語	ローマ字/カナ読み	タイ語
ミャンマー	phamâa パマー	พม่า
インド	indiia インディーア	อินเดีย
インドネシア	indooniisiia インドーニーシーア	อินโดนีเซีย
ベトナム	wîiatnaam ウィーアットナーム	เวียดนาม
フィリピン	fílíppin フィリップピン	ฟิลิปปินส์
シンガポール	sǐŋkhapoo シンカポー	สิงคโปร์
日本	yîipùn イープン	ญี่ปุ่น
中国	ciin チーン	จีน
香港	hɔ̂ŋkoŋ ホンコン	ฮ่องกง
韓国	kaulǐi カオリー	เกาหลี
北朝鮮	kaulǐi nʉ̌ʉa カオリー ヌーア	เกาหลีเหนือ
ロシア	rátsiia ラットシーア	รัสเซีย
アメリカ	ameerikaa アメーリカー	อเมริกา
オーストラリア	ɔ́ɔsteeliia オーステーリーア	ออสเตรเลีย
イギリス	aŋkrìt アンクリット	อังกฤษ
ドイツ	yəəraman ユーラマン	เยอรมัน
フランス	faràŋsèet ファランセート	ฝรั่งเศส
イタリア	ìttalîi イットタリー	อิตาลี
スペイン	sapeen サペーン	สเปน
ブラジル	braasiw ブラーシウ	บราซิล

地名

●時刻の表現一覧表

日本		タイ			
午前	0時		thîiaŋ khɯɯn	ティーアン クーン	เที่ยงคืน
	1時	ティー〜	tii nɯ̀ŋ	ティー ヌン	ตีหนึ่ง
	2時		tii sɔ̌ɔŋ	ティー ソーン	ตีสอง
	3時		tii sǎam	ティー サーム	ตีสาม
	4時		tii sìi	ティー シー	ตีสี่
	5時		tii hâa	ティー ハー	ตีห้า
	6時	〜モーン チャーオ	hòk mooŋ cháau	ホック モーン チャーオ	หกโมงเช้า
	7時		cèt mooŋ cháau	チェット モーン チャーオ	เจ็ดโมงเช้า
	8時		pɛ̀ɛt mooŋ cháau	ペート モーン チャーオ	แปดโมงเช้า
	9時		kâau mooŋ cháau	カーオ モーン チャーオ	เก้าโมงเช้า
	10時		sìp mooŋ (cháau)	シップ モーン（チャーオ）	สิบโมง(เช้า)
	11時		sìpèt mooŋ (cháau)	シップエット モーン（チャーオ）	สิบเอ็ดโมง(เช้า)
午後	12時		thîiaŋ	ティーアン	เที่ยง
	1時	バーイ〜モーン	bàay mooŋ	バーイ モーン	บ่ายโมง
	2時		bàay sɔ̌ɔŋ mooŋ	バーイ ソーン モーン	บ่ายสองโมง
	3時		bàay sǎam mooŋ	バーイ サーム モーン	บ่ายสามโมง
	4時	〜モーン イエン	sìi mooŋ yen	シー モーン イエン	สี่โมงเย็น
	5時		hâa mooŋ yen	ハー モーン イエン	ห้าโมงเย็น
	6時		hòk mooŋ yen	ホック モーン イエン	หกโมงเย็น
	7時	〜トゥム	nɯ̀ŋ thûm	ヌン トゥム	หนึ่งทุ่ม
	8時		sɔ̌ɔŋ thûm	ソーン トゥム	สองทุ่ม
	9時		sǎam thûm	サーム トゥム	สามทุ่ม
	10時		sìi thûm	シー トゥム	สี่ทุ่ม
	11時		hâa thûm	ハー トゥム	ห้าทุ่ม

く

け

こ

索引（日→タイ）

196

索引（タイ→日）

順番	ローマ字
1	a
2	b
3	c
4	d
5	e
6	ɛ
7	ə
8	f
9	h
10	i
11	k
12	l
13	m
14	n
15	ŋ
16	o
17	ɔ
18	p
19	r
20	s
21	t
22	u
23	ɯ
24	w
25	y

※同じつづりで声調が異なる場合は、第１から第５声調の順番になっています。

a

b

(หมวด ก→จ) かいいん～

เพลงชาติไทย　タイ王国 国歌

（日本語訳）

ประเทศไทย รวมเลือดเนื้อชาติเชื้อไทย
pràthêet thai ruam lʉ̂ʉat nʉ́ʉa châat chʉ́ʉa thai
プラテート タイ ルアム ルーアット ヌーア チャート チューア タイ

タイ王国はタイ民族の血と肉から成る国家である

เป็นประชารัฐ ไผทของไทยทุกส่วน
pen prachaa rát phathai khɔ̌ɔŋ thai thúk sùan
ペン プラチャー ラット パタイ コーン タイ トゥック スアン

タイ王国の領土は全て国民のもの

อยู่ดำรง คงไว้ ได้ทั้งมวล
yùu damroŋ khoŋ wái dâi tháŋ muan
ユー ダムロン コン ワイ ダイ タン ムアン

ด้วยไทยล้วนหมาย รักสามัคคี
dûay thai lúan mǎay rák sǎamákkhii
ドゥアイ タイ ルアン マーイ ラック サーマックキー

国民は団結を愛し志しているから平和を保ち続けることが出来る

ไทยนี้รักสงบ แต่ถึงรบไม่ขลาด
thai níi rák saŋòp tɛ̀ɛ thʉ̌ŋ róp mâi khlàat
タイ ニー ラック サゴップ テー トゥン ロップ マイ クラート

国民は平和を愛しているがいざ戦う時が訪れても恐れはしない

เอกราช จะไม่ให้ ใครข่มขี่
èek karâat cà mâi hâi khrai khòmkhìi
エーク カラート チャ マイ ハイ クライ コムキー

国家の主権と独立は何人たりとも侵すことは出来ない

สละเลือด ทุกหยาด เป็นชาติพลี
salà lʉ̂ʉat thûk yàat pen châat phlii
サラ ルーアット トゥック ヤート ペン チャート プリー

国民は国家のために一滴の血をも残さず捧げる

เถลิงประเทศ ชาติไทยทวี มีชัย ชโย
thalə̌əŋ prathêet châat thai thawii mii chai chayoo
タルーン プラテート チャート タイ タウィー ミー チャイ チャヨー

タイ民族の国家に勝利と栄光を　万歳

バンコク都 正式名称

❶ กรุงเทพ มหานคร ❷ อมรรัตนโกสินทร์

❸ มหินทรายุธยา มหาดิลกภพ

❹ นพรัตน์ ราชธานี บุรีรมย์ ❺ อุดมราชนิเวศน์ มหาสถาน

❻ อมรพิมาน อวตารสถิต ❼ สักกะทัตติย วิษณุกรรมประสิทธิ์

❶
krunthêep mahăanákhɔɔn
クルンテープ マハーナコーン
天使の都 偉大なる都

❷
amɔɔnráttanákoosǐn
アモーンラットタナコーシン
帝釈天の不壊の宝玉

❸
mahǐntharaayútthayaa mahăadìròkphóp
マヒンタラーユットタヤー マハーディロックポップ
帝釈天の戦争なき平和な 偉大なる最高の土地

❹
nóppharát râatchathaanii buriirom
ノップパラット ラートチャターニー ブリーロム
九種の宝玉の如き心楽しき王都

❺
udomrâatchaníwêet mahăasathăan
ウドムラートチャニウェート マハーサターン
数多くの王宮に富んだ

❻
amɔɔnphímaan awataansathìt
アモーンピマーン アワターンサティット
神が権化して国王が住みたまう

❼
sàkkàtháttìyá wítsanúkampràsìt
サックカタットティヤ ウィットサヌカムプラシット
帝釈天が建築の神ヴィシュヌカルマに命じて造り終えられた

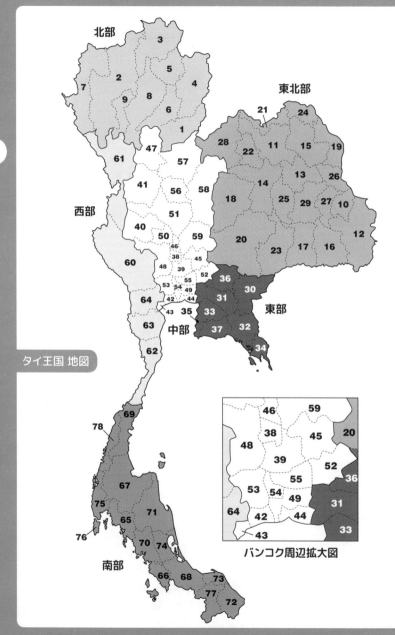

北部

東北部

西部

中部

東部

南部

タイ王国 地図

バンコク周辺拡大図

北部			
1	ウッタラディット県	caŋwàt ùttaradit チャンワット ウットタラディット	จังหวัด อุตรดิตถ์
2	チェンマイ県	caŋwàt chiaŋmài チャンワット チアンマイ	จังหวัด เชียงใหม่
3	チェンライ県	caŋwàt chiaŋraai チャンワット チアンラーイ	จังหวัด เชียงราย
4	ナーン県	caŋwàt nâan チャンワット ナーン	จังหวัด น่าน
5	パヤオ県	caŋwàt pháyau チャンワット パヤオ	จังหวัด พะเยา
6	プレー県	caŋwàt phrɛ̂ɛ チャンワット プレー	จังหวัด แพร่
7	メーホンソン県	caŋwàt mɛ̂ɛhɔ̂ŋsɔ̌ɔn チャンワット メーホンソーン	จังหวัด แม่ฮ่องสอน
8	ランパーン県	caŋwàt lampaaŋ チャンワット ラムパーン	จังหวัด ลำปาง
9	ランプーン県	caŋwàt lamphuun チャンワット ラムプーン	จังหวัด ลำพูน

東北部			
10	アムナットチャルン県	caŋwàt amnâatcarəən チャンワット アムナートチャルーン	จังหวัด อำนาจเจริญ
11	ウドンタニ県	caŋwàt ùdɔɔnthaanii チャンワット ウドーンターニー	จังหวัด อุดรธานี
12	ウボンラチャタニ県	caŋwàt ùbonrâatchathaanii チャンワット ウボンラートチャターニー	จังหวัด อุบลราชธานี
13	カラシン県	caŋwàt kaalasǐn チャンワット カーラシン	จังหวัด กาฬสินธุ์
14	コンケーン県	caŋwàt khɔ̌ɔnkɛ̀n チャンワット コーンケン	จังหวัด ขอนแก่น
15	サコンナコン県	caŋwàt sakonnákhɔɔn チャンワット サコンナコーン	จังหวัด สกลนคร
16	シーサケット県	caŋwàt sǐisakèet チャンワット シーサケート	จังหวัด ศรีสะเกษ
17	スリン県	caŋwàt surin チャンワット スリン	จังหวัด สุรินทร์
18	チャイヤプーム県	caŋwàt chaiyaphuum チャンワット チャイヤプーム	จังหวัด ชัยภูมิ
19	ナコンパノム県	caŋwàt nákhɔɔnphanom チャンワット ナコーンパノム	จังหวัด นครพนม
20	ナコンラチャシマ県	caŋwàt nákɔɔnrâatchásǐimaa チャンワット ナコーンラートチャシーマー	จังหวัด นครราชสีมา
21	ノンカイ県	caŋwàt nɔ̌ɔŋkhaai チャンワット ノーンカーイ	จังหวัด หนองคาย
22	ノンブアランプー県	caŋwàt nɔ̌ɔŋbualamphuu チャンワット ノーンブアラムプー	จังหวัด หนองบัวลำภู
23	ブリラム県	caŋwàt buriiram チャンワット ブリーラム	จังหวัด บุรีรัมย์
24	ブンカーン県	caŋwàt bɯŋkaan チャンワット ブンカーン	จังหวัด บึงกาฬ
25	マハサラカム県	caŋwàt mahǎasǎarákhaam チャンワット マハーサーラカーム	จังหวัด มหาสารคาม
26	ムクダハーン県	caŋwàt múkdaahǎan チャンワット ムックダーハーン	จังหวัด มุกดาหาร

27	ヤソートン県	caŋwàt yasŏothɔɔn チャンワット ヤソートーン	จังหวัด ยโสธร
28	ルーイ県	caŋwàt ləəi チャンワット ルーイ	จังหวัด เลย
29	ロイエット県	caŋwàt rɔ́ɔièt チャンワット ローイエット	จังหวัด ร้อยเอ็ด

東部			
30	サケーオ県	caŋwàt sakɛ̂ɛw チャンワット サケーウ	จังหวัด สระแก้ว
31	チャチュンサオ県	caŋwàt chachəəŋsau チャンワット チャチューンサオ	จังหวัด ฉะเชิงเทรา
32	チャンタブリ県	caŋwàt canthaburii チャンワット チャンタブリー	จังหวัด จันทบุรี
33	チョンブリ県	caŋwàt chonburii チャンワット チョンブリー	จังหวัด ชลบุรี
34	トラート県	caŋwàt tràat チャンワット トラート	จังหวัด ตราด
35	パタヤ特別市	mɯɯaŋ phátthayaa ムーアン パットタヤー	เมือง พัทยา
36	プラチンブリ県	caŋwàt praaciinburii チャンワット プラーチーンブリー	จังหวัด ปราจีนบุรี
37	ラヨーン県	caŋwàt rayɔɔŋ チャンワット ラヨーン	จังหวัด ระยอง

中部			
38	アントーン県	caŋwàt àaŋthɔɔŋ チャンワット アーントーン	จังหวัด อ่างทอง
39	アユタヤ県	caŋwàt phranakhɔɔnsǐiayútthayaa チャンワット プラナコーンシーアユットタヤー	จังหวัด พระนครศรีอยุธยา
40	ウタイタニ県	caŋwàt ùthaithaanii チャンワット ウタイターニー	จังหวัด อุทัยธานี
41	カンペーンペット県	caŋwàt khamphɛɛŋphét チャンワット カムペーンペット	จังหวัด กำแพงเพชร
42	サムットサコーン県	caŋwàt samùtsǎakhɔɔn チャンワット サムットサーコーン	จังหวัด สมุทรสาคร
43	サムットソンクラーム県	caŋwàt samùtsǒŋkhraam チャンワット サムットソンクラーム	จังหวัด สมุทรสงคราม
44	サムットプラカーン県	caŋwàt samùtpraakaan チャンワット サムットプラーカーン	จังหวัด สมุทรปราการ
45	サラブリ県	caŋwàt saraburii チャンワット サラブリー	จังหวัด สระบุรี
46	シンブリ県	caŋwàt sǐŋburii チャンワット シンブリー	จังหวัด สิงห์บุรี
47	スコータイ県	caŋwàt sùkhǒothai チャンワット スコータイ	จังหวัด สุโขทัย
48	スパンブリ県	caŋwàt sùphanburii チャンワット スパンブリー	จังหวัด สุพรรณบุรี
49	バンコク都（首都府）	kruŋthêep mahǎanákhɔɔn クルンテープ マハーナコーン	กรุงเทพ มหานคร
50	チャイナート県	caŋwàt chainâat チャンワット チャイナート	จังหวัด ชัยนาท
51	ナコンサワン県	caŋwàt nakhɔɔnsawǎn チャンワット ナコーンサワン	จังหวัด นครสวรรค์
52	ナコンナヨック県	caŋwàt nakhɔɔnnaayók チャンワット ナコーンナーヨック	จังหวัด นครนายก

53	ナコンパトム県	caŋwàt nakhɔɔnpathŏm チャンワット ナコーンパトム	จังหวัด นครปฐม
54	ノンタブリ県	caŋwàt nonthaburii チャンワット ノンタブリー	จังหวัด นนทบุรี
55	パトゥムタニ県	caŋwàt pathumthaanii チャンワット パトゥムターニー	จังหวัด ปทุมธานี
56	ピチット県	caŋwàt phícìt チャンワット ピチット	จังหวัด พิจิตร
57	ピッサヌローク県	caŋwàt phítsanúlôok チャンワット ピットサヌローク	จังหวัด พิษณุโลก
58	ペチャブン県	caŋwàt phétchabuun チャンワット ペットチャブーン	จังหวัด เพชรบูรณ์
59	ロッブリ県	caŋwàt lópburii チャンワット ロップブリー	จังหวัด ลพบุรี

西部			
60	カンチャナブリ県	caŋwàt kaancanaburii チャンワット カーンチャナブリー	จังหวัด กาญจนบุรี
61	ターク県	caŋwàt tàak チャンワット ターク	จังหวัด ตาก
62	プラチュアップキリカーン県	caŋwàt pracùapkhiiriikhăn チャンワット プラチュアップキーリーカン	จังหวัด ประจวบคีรีขันธ์
63	ペッチャブリ県	caŋwàt phétchaburii チャンワット ペットチャブリー	จังหวัด เพชรบุรี
64	ラーチャブリ県	caŋwàt râatchaburii チャンワット ラートチャブリー	จังหวัด ราชบุรี

南部			
65	クラビ県	caŋwàt krabìi チャンワット クラビー	จังหวัด กระบี่
66	サトゥン県	caŋwàt satuun チャンワット サトゥーン	จังหวัด สตูล
67	スラタニ県	caŋwàt sùrâatthaanii チャンワット スラートターニー	จังหวัด สุราษฎร์ธานี
68	ソンクラー県	caŋwàt sŏŋklăa チャンワット ソンクラー	จังหวัด สงขลา
69	チュンポーン県	caŋwàt chumphɔɔn チャンワット チュムポーン	จังหวัด ชุมพร
70	トラン県	caŋwàt traŋ チャンワット トラン	จังหวัด ตรัง
71	ナコンシータマラート県	caŋwàt nakhɔɔnsĭithammarâat チャンワット ナコーンシータムマラート	จังหวัด นครศรีธรรมราช
72	ナラティワート県	caŋwàt naraathíwâat チャンワット ナラーティワート	จังหวัด นราธิวาส
73	パッタニ県	caŋwàt pàttaanii チャンワット パットターニー	จังหวัด ปัตตานี
74	パッタルン県	caŋwàt phátthaluŋ チャンワット パットタルン	จังหวัด พัทลุง
75	パンガー県	caŋwàt phaŋŋaa チャンワット パンガー	จังหวัด พังงา
76	プーケット県	caŋwàt phuukèt チャンワット プーケット	จังหวัด ภูเก็ต
77	ヤラー県	caŋwàt yalaa チャンワット ヤラー	จังหวัด ยะลา
78	ラノーン県	caŋwàt ranɔɔŋ チャンワット ラノーン	จังหวัด ระนอง

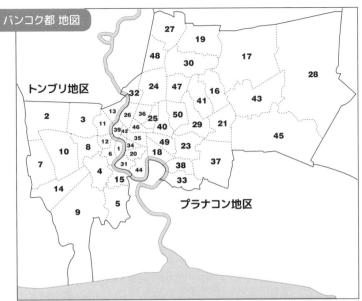

バンコク都 地図

トンブリ地区

プラナコン地区

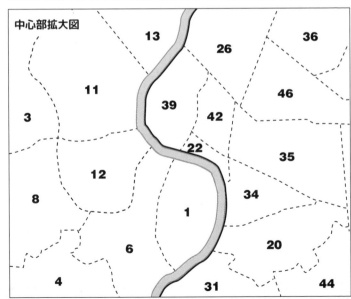

中心部拡大図

付録（バンコク都 地図）

トンブリ地区（チャオプラヤ川の西側）			
1	クロンサン区	khèet khlɔɔŋsǎan ケート クローンサーン	เขต คลองสาน
2	タウィワッタナー区	khèet thawiiwátthanaa ケート タウィーワットタナー	เขต ทวีวัฒนา
3	タリンチャン区	khèet tàlìŋchan ケート タリンチャン	เขต ตลิ่งชัน
4	チョムトーン区	khèet cɔɔmthɔɔŋ ケート チョームトーン	เขต จอมทอง
5	トゥンクル区	khèet thûŋkhrú ケート トゥンクル	เขต ทุ่งครุ
6	トンブリ区	khèet thonburii ケート トンブリー	เขต ธนบุรี
7	ノンケーム区	khèet nɔ̌ɔŋkhɛ̌ɛm ケート ノーンケーム	เขต หนองแขม
8	パーシーチャルン区	khèet phaasǐicàrəən ケート パーシーチャルーン	เขต ภาษีเจริญ
9	バンクンティアン区	khèet baaŋkhǔnthiian ケート バーンクンティーアン	เขต บางขุนเทียน
10	バンケー区	khèet baaŋkhɛɛ ケート バーンケー	เขต บางแค
11	バンコクノイ区	khèet baaŋkɔ̀ɔknɔ́ɔy ケート バーンコークノーイ	เขต บางกอกน้อย
12	バンコクヤイ区	khèet baaŋkɔ̀ɔkyài ケート バーンコークヤイ	เขต บางกอกใหญ่
13	バンプラット区	khèet baaŋphlát ケート バーンプラット	เขต บางพลัด
14	バンボーン区	khèet baaŋbɔɔn ケート バーンボーン	เขต บางบอน
15	ラーブラナ区	khèet râatbuuraná ケート ラートブーラナ	เขต ราษฎร์บูรณะ

プラナコン地区（チャオプラヤ川の東側）			
16	カンナーヤオ区	khèet khannaayaaw ケート カンナーヤーウ	เขต คันนายาว
17	クロンサムワー区	khèet khlɔɔŋsǎamwaa ケート クローンサームワー	เขต คลองสามวา
18	クロントイ区	khèet khlɔɔŋtəəy ケート クローントゥーイ	เขต คลองเตย
19	サイマイ区	khèet sǎaymǎi ケート サーイマイ	เขต สายไหม
20	サトーン区	khèet sǎathɔɔn ケート サートーン	เขต สาทร
21	サパンスン区	khèet sàphaansǔuŋ ケート サパーンスーン	เขต สะพานสูง
22	サムパンタウォン区	khèet sǎmphanthawoŋ ケート サムパンタウォン	เขต สัมพันธวงศ์
23	スワンルワン区	khèet sǔanlǔaŋ ケート スアンルアン	เขต สวนหลวง
24	チャトゥチャック区	khèet càtùcàk ケート チャトゥチャック	เขต จตุจักร
25	ディンデン区	khèet dindɛɛŋ ケート ディンデーン	เขต ดินแดง
26	ドゥシット区	khèet dùsìt ケート ドゥシット	เขต ดุสิต

27	ドンムアン区	khèet dɔɔnmɯɯaŋ ケート ドーンムーアン	เขต ดอนเมือง
28	ノンチョーク区	khèet nɔ̌ɔŋcɔ̀ɔk ケート ノーンチョーク	เขต หนองจอก
29	バンカピ区	khèet baaŋkàpì ケート バーンカピ	เขต บางกะปิ
30	バンケーン区	khèet baaŋkhěen ケート バーンケーン	เขต บางเขน
31	バンコーレム区	khèet baaŋkhɔɔlɛ̌ɛm ケート バーンコーレーム	เขต บางคอแหลม
32	バンスー区	khèet baaŋsɯ̂ɯ ケート バーンスー	เขต บางซื่อ
33	バンナー区	khèet baaŋnaa ケート バーンナー	เขต บางนา
34	バンラック区	khèet baaŋrák ケート バーンラック	เขต บางรัก
35	パトゥムワン区	khèet pàthumwan ケート パトゥムワン	เขต ปทุมวัน
36	パヤタイ区	khèet phayaathai ケート パヤータイ	เขต พญาไท
37	プラウェート区	khèet pràwêet ケート プラウェート	เขต ประเวศ
38	プラカノン区	khèet phrákhànǒoŋ ケート プラカノーン	เขต พระโขนง
39	プラナコン区	khèet phránákhɔɔn ケート プラナコーン	เขต พระนคร
40	フアイクワン区	khèet hûaykhwǎaŋ ケート フアイクワーン	เขต ห้วยขวาง
41	ブンクム区	khèet bɯŋkùm ケート ブンクム	เขต บึงกุ่ม
42	ポムプラープ区	khèet pɔ̂mpràapsàttruuphâay ケート ポムプラープサットゥルーパーイ	เขต ป้อมปราบศัตรูพ่าย
43	ミンブリ区	khèet miinburii ケート ミーンブリー	เขต มีนบุรี
44	ヤンナワー区	khèet yaannaawaa ケート ヤーンナーワー	เขต ยานนาวา
45	ラークラバン区	khèet lâatkràbaŋ ケート ラートクラバン	เขต ลาดกระบัง
46	ラチャテウィー区	khèet râatchátheewii ケート ラートチャテーウィー	เขต ราชเทวี
47	ラープラオ区	khèet lâatphráaw ケート ラートプラーウ	เขต ลาดพร้าว
48	ラクシー区	khèet làksìi ケート ラックシー	เขต หลักสี่
49	ワタナー区	khèet wátthanaa ケート ワットタナー	เขต วัฒนา
50	ワントンラン区	khèet waŋthɔɔŋlǎaŋ ケート ワントーンラーン	เขต วังทองหลาง

バンコク都 交通機関	
バンコク高架鉄道（BTS） รถไฟฟ้าเฉลิมพระเกียรติ 6 รอบพระชนมพรรษา	rót faifáa chalə̌əmphrákìiat hòk rɔ̂ɔp phráchonmàphansǎa ロット ファイファー チャルームプラキーアット ホック ロープ プラチョンマパンサー
バンコク地下鉄（MRT） รถไฟฟ้ามหานครสายเฉลิมรัชมงคล	rót faifáa mahǎanakhɔɔn sǎay chalə̌əm rátchamoŋkhon ロット ファイファー マハーナコーン サーイ チャルーム ラットチャモンコン
スワンナプーム空港連絡鉄道（SARL） รถไฟฟ้าเชื่อมท่าอากาศยานสุวรรณภูมิ	rót faifáa chɯ̂ɯam thâa aakàatsàyaan sùwannáphuum ロット ファイファー チューアム ター アーカートサヤーン スワンナプーム
バンコク高速交通バス（BRT） รถโดยสารประจำทางด่วนพิเศษ	rót dooysǎan pràcam thaaŋdùuan phísèet ロット ドーイサーン プラチャム ターンドゥーアン ピセート

BTS スクンビット線			
N24	**クーコット駅**	sathǎanii khuukhót サターニー クーコット	สถานี คูคต
N23	**イェークコーポーオー駅**	sathǎanii yɛ̂ɛk khɔɔ pɔɔ ɔɔ サターニー イェークコーポーオー	สถานี แยก คปอ.
N22	**タイ王国空軍博物館駅**	sathǎanii phíphítthaphankɔɔŋtháp aakàat サターニー ピピッタパンコーンタップアーカート	สถานี พิพิธภัณฑ์กองทัพอากาศ
N21	**プミポン アドゥンヤデート病院駅**	sathǎanii rooŋphayaabaan phuumíphon adunyadèet サターニー ローンパヤーバーンプーミポンアドゥンヤデート	สถานี โรงพยาบาลภูมิพลอดุลยเดช
N20	**サパンマイ駅**	sathǎanii sàphaanmài サターニー サパーンマイ	สถานี สะพานใหม่
N19	**サーイユット駅**	sathǎanii sǎayyùt サターニー サーイユット	สถานี สายหยุด
N18	**パホンヨーティン 59 駅**	sathǎanii phahǒnyoothinhâasìpkâau サターニー パホンヨーティンハーシップカーオ	สถานี พหลโยธิน 59
N17	**ワットプラシーマハータート駅**	sathǎanii wátphrásǐimahǎathâat サターニー ワットプラシーマハータート	สถานี วัดพระศรีมหาธาตุ
N16	**第 11 歩兵連隊駅 (グロムタハーンラープティー11駅)**	sathǎanii kromthahǎanrâapthîisìpèt サターニー クロムタハーンラープティーシップエット	สถานี กรมทหารราบที่ 11
N15	**バンブア駅**	sathǎanii baaŋbuua サターニー バーンブーア	สถานี บางบัว
N14	**森林局駅 （グロムパーマイ駅）**	sathǎanii krompàamáai サターニー クロムパーマーイ	สถานี กรมป่าไม้
N13	**カセサート大学駅**	sathǎanii mahǎawítthayaalaykasèetsàat サターニー マハーウィッタヤーライカセートサート	สถานี มหาวิทยาลัยเกษตรศาสตร์
N12	**セーナーニコム駅**	sathǎanii sěenaaníkhom サターニー セーナーニコム	สถานี เสนานิคม
N11	**ラチャヨーティン駅**	sathǎanii rátchayoothin サターニー ラッチャヨーティン	สถานี รัชโยธิน
N10	**パホンヨーティン 24 駅**	sathǎanii phahǒnyoothinyîisìpsìi サターニー パホンヨーティンイーシップシー	สถานี พหลโยธิน24
N9	**ハーイェークラートプラオ駅**	sathǎanii hâayɛ̂ɛklâatphráaw サターニー ハーイェークラートプラーウ	สถานี ห้าแยกลาดพร้าว
N8	**モーチット駅**	sathǎanii mɔ̌ɔchít サターニー モーチット	สถานี หมอชิต
N7	**サパンクワイ駅**	sathǎanii sàphaankhwaay サターニー サパーンクワーイ	สถานี สะพานควาย
N6	**セーナールワム駅** (計画中)	sathǎanii sěenaarûam サターニー セーナールアム	สถานี เสนาร่วม
N5	**アーリー駅**	sathǎanii aarii サターニー アーリー	สถานี อารีย์
N4	**サナームパオ駅**	sathǎanii sanǎampâu サターニー サナームパオ	สถานี สนามเป้า
N3	**戦勝記念塔駅**	sathǎanii anúsǎuwáriichaisamɔ̌ɔráphuum サターニー アヌサオワリーチャイサモーラプーム	สถานี อนุเสาวรีย์ชัยสมรภูมิ

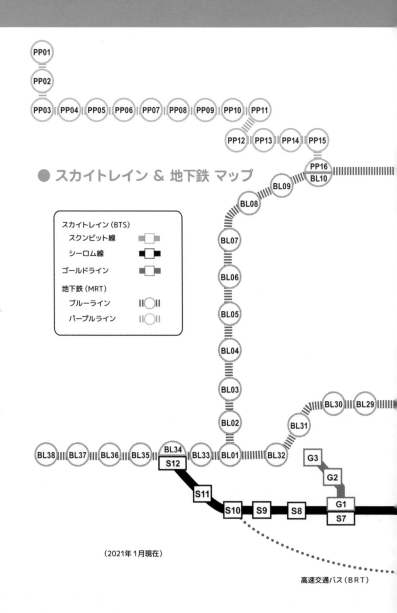

● スカイトレイン & 地下鉄 マップ

スカイトレイン (BTS)
スクンビット線
シーロム線
ゴールドライン
地下鉄 (MRT)
ブルーライン
パープルライン

（2021年1月現在）

高速交通バス（BRT）

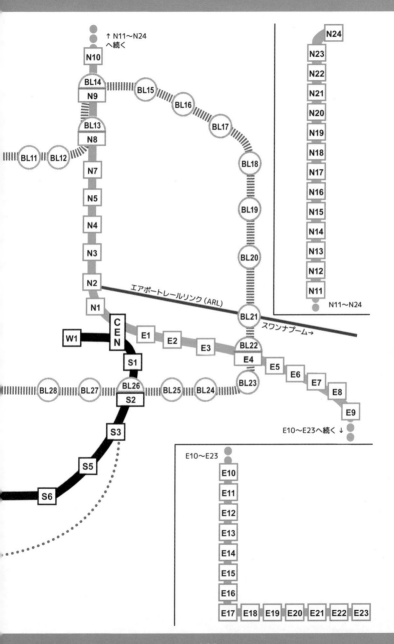

↑ N11〜N24
へ続く
N10
BL14
N9
BL15
BL16
BL17
BL13
N8
BL11
BL12
BL18
N7
N5
BL19
N4
N3
BL20
N2
エアポートレールリンク（ARL）
N1
BL21
CEN
W1
E1
スワンナプーム→
E2
E3
BL22
E4
S1
E5
E6
BL23
E7
BL28
BL27
BL26
S2
BL25
BL24
E8
E9
E10〜E23へ続く ↓
S3
S5
S6
N24
N23
N22
N21
N20
N19
N18
N17
N16
N15
N14
N13
N12
N11
N11〜N24
E10〜E23
E10
E11
E12
E13
E14
E15
E16
E17
E18
E19
E20
E21
E22
E23

N2	**パヤタイ駅**	sathǎanii phayaathai サターニー パヤータイ	สถานี พญาไท
N1	**ラチャテウィ駅**	sathǎanii râatchátheewii サターニー ラートチャテーウィー	สถานี ราชเทวี
CEN	**サイアム駅**	sathǎanii sayǎam サターニー サヤーム	สถานี สยาม
E1	**チットロム駅**	sathǎanii chítlom サターニー チットロム	สถานี ชิดลม
E2	**プルンチット駅**	sathǎanii phləəncìt サターニー プルーンチット	สถานี เพลินจิต
E3	**ナナ駅**	sathǎanii naanaa サターニー ナーナー	สถานี นานา
E4	**アソーク駅**	sathǎanii asòok サターニー アソーク	สถานี อโศก
E5	**プロンポン駅**	sathǎanii phrɔ́ɔmphoŋ サターニー プロームポン	สถานี พร้อมพงษ์
E6	**トンロー駅**	sathǎanii thɔɔŋlɔ̀ɔ サターニー トーンロー	สถานี ทองหล่อ
E7	**エカマイ駅**	sathǎanii èekkamai サターニー エークカマイ	สถานี เอกมัย
E8	**プラカノン駅**	sathǎanii phrákhanŏoŋ サターニー プラカノーン	สถานี พระขโนง
E9	**オンヌット駅**	sathǎanii ɔ̀ɔnnút サターニー オーンヌット	สถานี อ่อนนุช
E10	**バンチャーク駅**	sathǎanii baaŋcàak サターニー バーンチャーク	สถานี บางจาก
E11	**プンナウィティ駅**	sathǎanii punnawíthǐi サターニー プンナウィティー	สถานี ปุณณวิถี
E12	**ウドムスック駅**	sathǎanii udomsùk サターニー ウドムスック	สถานี อุดมสุข
E13	**バンナー駅**	sathǎanii baaŋnaa サターニー バーンナー	สถานี บางนา
E14	**ベーリング駅**	sathǎanii bɛɛrîŋ サターニー ベーリン	สถานี แบริ่ง
E15	**サムローン駅**	sathǎanii sǎmrooŋ サターニー サムローン	สถานี สำโรง
E16	**プーチャオ駅**	sathǎanii pùucâau サターニー プーチャーオ	สถานี ปู่เจ้า
E17	**チャーンエラワン駅**	sathǎanii eeraawan サターニー エーラーワン	สถานี ช้างเอราวัณ
E18	**ロイヤルタイ ネーバルアカデミー駅**	sathǎanii rooŋriiannaayrɯɯa サターニー ローンリーアンナーイルーア	สถานี โรงเรียนนายเรือ
E19	**パークナーム駅**	sathǎanii pàaknáam サターニー パークナーム	สถานี ปากน้ำ
E20	**シーナカリン駅**	sathǎanii sǐinakharin サターニー シーナカリン	สถานี ศรีนครินทร์
E21	**プレークサー駅**	sathǎanii phrɛ̂ɛksǎa サターニー プレークサー	สถานี แพรกษา
E22	**サーイルアット駅**	sathǎanii sǎaylûat サターニー サーイルアット	สถานี สายลวด
E23	**ケーハ駅**	sathǎanii kheehà サターニー ケーハ	สถานี เคหะฯ

BTS シーロム線

W1	国立競技場駅	sathǎanii sanǎamkiilaahὲŋchâat サターニー サナームキーラーヘンチャート	สถานี สนามกีฬาแห่งชาติ
CEN	サイアム駅	sathǎanii sayǎam サターニー サヤーム	สถานี สยาม
S1	ラチャダムリ駅	sathǎanii râatchádamrì サターニー ラートチャダムリ	สถานี ราชดำริ
S2	サラデーン駅	sathǎanii sǎalaadɛɛŋ サターニー サーラーデーン	สถานี ศาลาแดง
S3	チョンノンシー駅	sathǎanii chɔ̂ŋnonsii サターニー チョンノンシー	สถานี ช่องนนทรี
S4	スクサウィッタヤー駅（計画中）	sathǎanii sùksǎawítthayaa サターニー スックサーウィットタヤー	สถานี ศึกษาวิทยา
S5	スラサック駅	sathǎanii sùrásàk サターニー スラサック	สถานี สุรศักดิ์
S6	サパンタクシン駅	sathǎanii saphaantàaksǐn サターニー サパーンタークシン	สถานี สะพานตากสิน
S7	クルントンブリ駅	sathǎanii kruŋthonbùrii サターニー クルントンブリー	สถานี กรุงธนบุรี
S8	ウォンウィエンヤイ駅	sathǎanii woŋwiianyài サターニー ウォンウィーアンヤイ	สถานี วงเวียนใหญ่
S9	ポーニミット駅	sathǎanii phoonímít サターニー ポーニミット	สถานี โพธิ์นิมิตร
S10	タラートプルー駅	sathǎanii talàatphluu サターニー タラートプルー	สถานี ตลาดพลู
S11	ウタカート駅	sathǎanii wútthaakàat サターニー ウットターカート	สถานี วุฒากาศ
S12	バンワー駅	sathǎanii baaŋwâa サターニー バーンワー	สถานี บางหว้า

ゴールドライン

G1	クルントンブリ駅	sathǎanii kruŋthonbùrii サターニー クルントンブリー	สถานี กรุงธนบุรี
G2	チャルンナコーン駅	sathǎanii carəənnakhɔɔn サターニー チャルーンナコーン	สถานี เจริญนคร
G3	クローンサーン駅	sathǎanii khlɔɔŋsǎan サターニー クローンサーン	สถานี คลองสาน

MRT ブルーライン（チャルームラチャモンコン線）

BL01	タープラ駅	sathǎanii thâaphrá サターニー タープラ	สถานี ท่าพระ
BL02	チャラン 13 駅	sathǎanii caransìpsǎam サターニー チャランシップサーム	สถานี จรัญฯ 13
BL03	ファイチャーイ駅	sathǎanii faichǎay サターニー ファイチャーイ	สถานี ไฟฉาย
BL04	バンクンノン駅	sathǎanii baaŋkhǔnnon サターニー バーンクンノン	สถานี บางขุนนนท์
BL05	バンイーカン駅	sathǎanii baaŋyîikhǎn サターニー バーンイーカン	สถานี บางยี่ขัน
BL06	シリントーン駅	sathǎanii sìrinthɔɔn サターニー シリントーン	สถานี สิรินธร
BL07	バンプラット駅	sathǎanii baaŋphlát サターニー バーンプラット	สถานี บางพลัด
BL08	バンオー駅	sathǎanii baaŋɔ̀ɔ サターニー バーンオー	สถานี บางอ้อ

BL09	バンポー駅	sathǎanii baaŋphoo サターニー バーンポー	สถานี บางโพ
BL10	タオプーン駅	sathǎanii taupuun サターニー タウプーン	สถานี เตาปูน
BL11	バンスー駅	sathǎanii baaŋsɯ̂ɯ サターニー バーンスー	สถานี บางซื่อ
BL12	カンペンペット駅	sathǎanii kamphɛɛŋphét サターニー カムペーンペット	สถานี กำแพงเพชร
BL13	チャトゥチャック公園駅	sathǎanii sǔancàtùcàk サターニー スアンチャトゥチャック	สถานี สวนจตุจักร
BL14	パホンヨーティン駅	sathǎanii phahǒnyoothin サターニー パホンヨーティン	สถานี พหลโยธิน
BL15	ラプラオ駅	sathǎanii lâatphráaw サターニー ラートプラーウ	สถานี ลาดพร้าว
BL16	ラチャダピセーク駅	sathǎanii rátchádaaphísèek サターニー ラットチャダーピセーク	สถานี รัชดาภิเษก
BL17	スティサン駅	sathǎanii sùtthísǎan サターニー スットティサーン	สถานี สุทธิสาร
BL18	フアイクワン駅	sathǎanii hûaykhwǎaŋ サターニー フアイクワーン	สถานี ห้วยขวาง
BL19	タイ文化センター駅	sathǎanii sǔunwátthanáthamhɛ̀ŋpràthêetthai サターニー スーンワットタナタムヘンプラテートタイ	สถานี ศูนย์วัฒนธรรมแห่งประเทศไทย
BL20	ラーマ９世駅	sathǎanii phráraamkâau サターニー プララームカーオ	สถานี พระราม 9
BL21	ペッチャブリー駅	sathǎanii phétchábùrii サターニー ペットチャブリー	สถานี เพชรบุรี
BL22	スクンビット駅	sathǎanii sukhǔmwit サターニー スクムウィット	สถานี สุขุมวิท
BL23	シリキット コンベンションセンター駅	sathǎanii sǔunpràchumhɛ̀ŋchâatsìrìkìt サターニー スーンプラチュムヘンチャートシリキット	สถานี ศูนย์ประชุมแห่งชาติสิริกิติ์
BL24	クロントイ駅	sathǎanii khlɔɔŋtəəy サターニー クローントゥーイ	สถานี คลองเตย
BL25	ルンピニ駅	sathǎanii lumphinii サターニー ルムピニー	สถานี ลุมพินี
BL26	シーロム駅	sathǎanii sǐilom サターニー シーロム	สถานี สีลม
BL27	サムヤーン駅	sathǎanii sǎamyâan サターニー サームヤーン	สถานี สามย่าน
BL28	フアランポーン駅	sathǎanii hǔualamphooŋ サターニー フーアラムポーン	สถานี หัวลำโพง
BL29	ワットマンコーン駅	sathǎanii wátmaŋkɔɔn サターニー ワットマンコーン	สถานี วัดมังกร
BL30	サームヨート駅	sathǎanii sǎamyɔ̂ɔt サターニー サームヨート	สถานี สามยอด
BL31	サナームチャイ駅	sathǎanii sanǎamchai サターニー サナームチャイ	สถานี สนามไชย
BL32	イサラパープ駅	sathǎanii ìtsaraphâap サターニー イッサラパープ	สถานี อิสรภาพ
BL33	バンパイ駅	sathǎanii baaŋphài サターニー バーンパイ	สถานี บางไผ่
BL34	バンワー駅	sathǎanii baaŋwâa サターニー バーンワー	สถานี บางหว้า
BL35	ペットカセーム 48 駅	sathǎanii phétkasěemsìisìppɛ̀ɛt サターニー ペットカセームシーシップペート	สถานี เพชรเกษม 48
BL36	パーシーチャルーン駅	sathǎanii phaasǐicarəən サターニー パーシーチャルーン	สถานี ภาษีเจริญ

付録（バンコク都 交通機関）

BL37	バンケー駅	sathǎanii baaŋkhɛɛ サターニー バーンケー	สถานี บางแค
BL38	ラックソーン駅	sathǎanii làksɔ̌ɔŋ サターニー ラックソーン	สถานี หลักสอง

MRT パープルライン（チャローンラチャタム線）			
PP01	バンパイ運河駅	sathǎanii khlɔɔŋbaaŋphài サターニー クローンバーンパイ	สถานี คลองบางไผ่
PP02	バンヤイマーケット駅	sathǎanii talàatbaaŋyài サターニー タラートバーンヤイ	สถานี ตลาดบางใหญ่
PP03	バンヤイ三叉路駅	sathǎanii sǎamyɛ̂ɛkbaaŋyài サターニー サアームイェークバーンヤイ	สถานี สามแยกบางใหญ่
PP04	バンプルー駅	sathǎanii baaŋphluu サターニー バーンプルー	สถานี บางพลู
PP05	バンラックヤイ駅	sathǎanii baaŋrákyài サターニー バーンラックヤイ	สถานี บางรักใหญ่
PP06	バンラックノイターイット駅	sathǎanii baaŋráknɔ́ɔythâaìt サターニー バーンラックノーイターイット	สถานี บางรักน้อยท่าอิฐ
PP07	サイマー駅	sathǎanii saimáa サターニー サイマー	สถานี ไทรม้า
PP08	プラナンクラオ橋駅	sathǎanii saphaanphránâŋklâau サターニー サパーンプラナンクラーウ	สถานี สะพานพระนั่งเกล้า
PP09	ノンタブリー1交差点駅	sathǎanii yɛ̂ɛknonthábùriinùŋ サターニー イェークノンタブリーヌン	สถานี แยกนนทบุรี 1
PP10	バンクラソー駅	sathǎanii baaŋkrasɔ̌ɔ サターニー バーンクラソー	สถานี บางกระสอ
PP11	ノンタブリー市民センター駅	sàtǎanii sǔunrâatchakaannonthábùrii サターニー スーンラートチャカーンノンタブリー	สถานี ศูนย์ราชการนนทบุรี
PP12	保健省駅	sathǎanii kràsuaŋsǎathaaránásùk サターニー クラスアンサーターラナスック	สถานี กระทรวงสาธารณสุข
PP13	ティワノン交差点駅	sathǎanii yɛ̂ɛktìwaanon サターニー イェークティワーノン	สถานี แยกติวานนท์
PP14	ウォンサワン駅	sathǎanii woŋsawàaŋ サターニー ウォンサワーン	สถานี วงศ์สว่าง
PP15	バンソン駅	sathǎanii baaŋsɔ̂ɔn サターニー バーンソーン	สถานี บางซ่อน
PP16	タオプーン駅	sathǎanii taupuun サターニー タウプーン	สถานี เตาปูน

ARL エアポートレールリンク			
A8	パヤタイ駅	sathǎanii phayaathai サターニー パヤータイ	สถานี พญาไท
A7	ラチャプラロップ駅	sathǎanii râatcháprааróp サターニー ラートチャプラーロップ	สถานี ราชปรารภ
A6	マッカサン駅	sathǎanii mákkàsǎn サターニー マックカサン	สถานี มักกะสัน
A5	ラムカムヘン駅	sathǎanii raamkhamhɛ̌ɛŋ サターニー ラームカムヘーン	สถานี รามคำแหง
A4	フアマーク駅	sathǎanii hǔuamàak サターニー フーアマーク	สถานี หัวหมาก
A3	バンタップチャン駅	sathǎanii bâanthápcháaŋ サターニー バーンタップチャーン	สถานี บ้านทับช้าง
A2	ラークラバン駅	sathǎanii lâatkrabaŋ サターニー ラートクラバン	สถานี ลาดกระบัง
A1	スワンナプーム駅	sathǎanii sùwannaphuum サターニー スワンナプーム	สถานี สุวรรณภูมิ

BRT ラチャプルック線			
B1	サトーン駅	sathǎanii sǎathɔɔn サターニー サートーン	สถานี สาทร
B2	アーカンソンクロ駅	sathǎanii aakhaansǒŋkhrɔ́ サターニー アーカーンソンクロ	สถานี อาคารสงเคราะห์
B3	イェンアーカート駅	sathǎanii yenaakàat サターニー イェンアーカート	สถานี เย็นอากาศ
B4	タノンチャン駅	sathǎanii thanǒncan サターニー タノンチャン	สถานี ถนนจันทน์
B5	ナララーム3世駅	sathǎanii náraaraamsǎam サターニー ナラーラームサーム	สถานี นราราม 3
B6	ワットダーン駅	sathǎanii wátdàan サターニー ワットダーン	สถานี วัดด่าน
B7	ワットパリワット駅	sathǎanii wátparíwâat サターニー ワットパリワート	สถานี วัดปริวาส
B8	ワットドークマイ駅	sathǎanii wátdɔ̀ɔkmái サターニー ワットドークマイ	สถานี วัดดอกไม้
B9	サパンラーマ9世駅	sathǎanii saphaanphráraamkâau サターニー サパーンプララームカーオ	สถานี สะพานพระราม 9
B10	チャルンラート駅	sathǎanii carəənrâat サターニー チャルーンラート	สถานี เจริญราษฎร์
B11	サパンラーマ3世駅	sathǎanii saphaanphráraamsǎam サターニー サパーンプララームサーム	สถานี สะพานพระราม 3
B12	ラチャプルック駅	sathǎanii râatcháphrɯ́k サターニー ラートチャプルック	สถานี ราชพฤกษ์

● スワンナプーム空港連絡鉄道（ARL）マップ

エアポートレールリンク

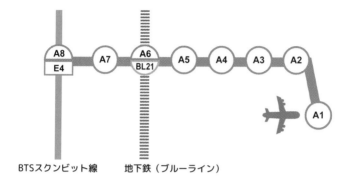

BTSスクンビット線　　　地下鉄（ブルーライン）

● バンコク高速交通バス（BRT）マップ

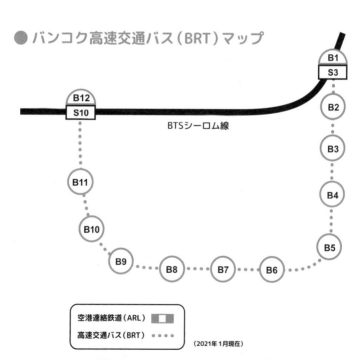

BTSシーロム線

空港連絡鉄道（ARL）
高速交通バス（BRT）

（2021年1月現在）

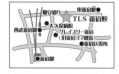

タイ語専門のTLSが日本で暮らすタイ人のために日本語レッスンも開講しています！
タイ人講師が**タイ語で**わかりやすくレッスンします！

マンツーマンレッスン（60分／自由予約制）1回￥4,500〜

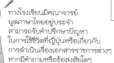

無料体験
やってます！

タイ語で学ぶから、
どんどん日本語力アップ！
在日歴が長いタイ人の
プロ講師が教えます！

初級者から上級者まで
レベル&目的に合わせた
学習ができます！

タイ語のわかる日本人講師が常駐していますので
日本での生活で必要な各種手続きや
日常生活の疑問や不安も安心してご相談下さい！

ทางโรงเรียนมีคณาจารย์
ผู้ดูแลชาวไทยอยู่ประจำ
สามารถรับคำปรึกษาปัญหา
ในการใช้ชีวิตที่ญี่ปุ่นหรือเกี่ยวกับ
การดำเนินเรื่องเอกสารราชการต่างๆ
หากมีคำถามหรือข้อสงสัยใดๆ
สามารถติดต่อสอบถามได้

● คอร์สเรียนภาษาญี่ปุ่น เรียนง่ายได้ไว

เพื่อคนไทยในญี่ปุ่น

ท่านเคยเบื่อกับการเรียนภาษาญี่ปุ่นเป็นภาษาญี่ปุ่นมั้ย?? ปัญหานี้จะหมดไป!!

เพราะเรามีอาจารย์ชาวไทยที่มากประสบการณ์สอนด้วยภาษาไทยได้!!

โรงเรียน TLS เชี่ยวชาญด้านการสอนภาษาไทยมาเป็นระยะเวลายาวนาน

สวัสดีค่ะ
ทดลองเรียนฟรี!

กำลังเปิดรับสมัครนักเรียนคอร์สภาษาญี่ปุ่น

คณาจารย์และเจ้าหน้าที่ทุกคน
รอต้อนรับผู้สนใจทุกท่านนะคะ

เรียนตัวต่อตัว (60 นาที / เลือกเวลาเข้าเรียนได้) 1 ครั้ง ¥4,500

TLS 秋葉原校

〒101-0024
東京都千代田区神田和泉町1-8-10
神田THビル4F
TEL:03-5825-9400　FAX:03-5825-9401
MAIL:akiba@tls-group.com

JR・つくばエクスプレス・東京メトロ
秋葉原駅 昭和通り口から徒歩4分

http://www.tls-group.com

特定非営利活動法人日本タイ語検定協会

タイ語講座
ご案内

日本におけるタイ語の普及啓発と
学習者の能力向上活動の一環として
日本タイ語検定協会では習熟度に応じた
タイ語講座を開講しています。

協会認定の上級講師が、過去問題の傾向を踏まえ、設問に対する考え方や
解法の解説を行い、各能力の向上と知識の発展を図りつつ、
試験合格を目標とした講義を行います。

● 5 級レベル講座（ローマ字式発音記号を習得済の方が対象）
● 4 級レベル講座（タイ文字の読み書きを習得済の方が対象）
● 3 級レベル講座（4 級を合格済の方が対象、それ以外の方は応相談）
● 準 2 級レベル講座（3 級を合格済の方が対象、それ以外の方は応相談）

開催日や申し込み方法について

開講スケジュール・申し込み方法などの詳細は
協会ホームページ内「タイ語講座のご案内」にてご確認下さい。

http://www.thaigokentei.com/course.html

● 著者紹介

藤崎 ポンパン（Phongphan Fujisaki）

日タイハーフとして両国の教育を受ける。「タイ・ランゲージ・ステーション」を母体として日本には「TLS 出版社」「新宿校」「秋葉原校」「大阪校」、タイには「スクンビット校」「シーロム校」をはじめとする6校を設立。近畿大学講師、JICA 研修監理委員、日本タイ語検定協会理事、ポーホック問題作成委員など多種多様な分野をこなしながら、多言語に渡る語学書執筆、新聞・雑誌のコラム執筆、テレビ・ラジオ番組出演、タイ人向け日本留学無料支援サービスの展開など精力的な活動を続けている。2021 年現在、日本の文化や技術をタイに紹介する教育バラエティ TV 番組「Dohiru」（Thai PBS）の企画・演出・出演他、海外ニュースレポーター、コメンテーターとして活躍中。

【HP】http://www.phongphan.com 【Facebook】http://www.facebook.com/FUJI.FUJISAKI

移動中でもMP３で聞ける！

実用タイ語単語集 ศัพท์ภาษาไทยน่ารู้และจำเป็น

2021 年 2 月 10 日　初版発行

著　者　藤崎 ポンパン
発　行　ＴＬＳ出版社
発　売　星雲社（共同出版社・流通責任出版社）

● 新宿校（Tokyo Shinjuku Office）
〒 160-0021 東京都新宿区歌舞伎町 2-41-12 岡埜ビル 6F
Tel：03-5287-2034　Fax：03-5287-2035　E-mail：tokyo@tls-group.com

● 秋葉原校（Tokyo Akihabara Office）
〒 101-0024 東京都千代田区神田和泉町 1-8-10 神田ＴＨビル 4F
Tel：03-5825-9400　Fax：03-5825-9401　E-mail：akiba@tls-group.com

● 大阪校（Osaka Umeda Office）
〒 530-0056 大阪府大阪市北区兎我野町 9-23 聚楽ビル 5F
Tel：06-6311-0241　Fax：06-6311-0240　E-mail：school@tls-group.com

スクンビット校（Bangkok Sukhumvit Office）
シーロム校（Bangkok Silom Office）
プロンポン校（Bangkok Phromphong Office）
トンロー校（Bangkok Thonglo Office）
エカマイ校（Bangkok Ekkamai Office
シラチャ校（Chonburi Sriracha Office）
パタヤ校（Chonburi Pattaya Office）

http://www.tls-group.com

ＴＬＳ出版社の書籍は、書店または弊社 HP にてお買い求めください。
本書に関するご意見・ご感想がありましたら、上記までご連絡ください。

企画・製作　早坂 裕一郎（Yuichiro Hayasaka）　装丁・編集　佐藤 麻美（Asami Sato）
ナレーター　藤崎 ポンパン（Phongphan Fujisaki）/ めいこ（Meiko）

ISBN 978-4-434-28488-5 C2087 Printed in Japan　印刷　シナノ書籍印刷 株式会社